ワークで学ぶ

介護実習・介護総合演習

編　集　吉田　節子
　　　　川嶋　玲子
　　　　後藤　真澄

(株)みらい

執筆者一覧（執筆順）

● 編　者

吉田　節子	（元愛知新城大谷大学短期大学部）	第1章第1節
川嶋　玲子	（元日本福祉大学中央福祉専門学校）	第6章第2節
後藤　真澄	（中部学院大学）	第6章第5節

● 執筆者

小林千恵子	（金城大学）	第1章第2節
間瀬　敬子	（日本福祉大学）	第1章第3節1・2
水谷なおみ	（日本福祉大学）	第1章第3節3・4・5
土田　耕司	（就実短期大学）	第2章第1節
小川　博子	（元北海道福祉大学校）	第2章第2節
西井　啓子	（元富山短期大学）	第2章第3節
児玉　昌恵	（元近畿社会福祉専門学校）	第2章第4節
飯盛　茂子	（修文大学）	第3章第1節、第4章第1節
高木　直美	（日本福祉大学中央福祉専門学校）	第3章第2節
佐藤富士子	（大妻女子大学）	第4章第2節
飛田いく子	（元あいち福祉医療専門学校）	第5章第1節1、第2節1
今泉　雅博	（元愛知新城大谷大学短期大学部）	第5章第1節2
村上　逸人	（同朋大学）	第5章第1節3
野村　晴美	（国際医療福祉大学）	第5章第1節4・5
木下　寿恵	（静岡福祉大学）	第5章第1節6
神谷ひとみ	（元岡崎女子短期大学）	第5章第1節7
廣瀬志芽子	（元愛知総合看護福祉専門学校）	第5章第1節8
大崎　千秋	（名古屋柳城短期大学）	第5章第2節2・3・4
重松　義成	（東大阪大学短期大学部）	第5章第2節5
鍋島恵美子	（西九州大学短期大学部）	第5章第2節6
菊池　啓子	（中部学院大学短期大学部）	第6章第1節
森　　聖志	（元ユマニテク医療福祉大学校）	第6章第3節
壬生　尚美	（日本社会事業大学）	第6章第4節
関谷タケミ	（旭川福祉専門学校）	第6章第6節

はじめに

　戦争直後の社会福祉は、生活困窮者を救済するための生活保護法が中心であったが、1960年代には経済が急成長し、国民生活は安定に向かい、生活環境が著しく向上していった。それにともない社会福祉制度も整備され、福祉六法・国民皆保険制度が実現した。一方、平均寿命の伸びによりわが国は高齢化へと歩みはじめ、女性の社会進出や核家族化の進行など社会構造は大きく変化した。さらに都市化・過疎化の問題は地域社会の崩壊などをまねき人間生活に大きな影響を及ぼすこととなった。その後、バブル経済の崩壊と経済不況による銀行や大企業の倒産など深刻な問題が多発した。また、2025年には75歳以上の後期高齢者が現在の1千万人余から2千万人に倍増することが推測されるなど、少子・高齢社会がわが国の大きな課題となっている。

　このような背景によって、社会福祉のあり方は大きく変わらざるをえなくなり、国はゴールドプラン、エンゼルプラン、障害者プランを作成し、さらに社会福祉基礎構造改革によって社会福祉の抜本的な改革が進められてきた。なかでも、2000年4月から実施された介護保険制度は、介護の社会化を一般化し、2006年10月から本格的に実施された障害者自立支援法は、現在大きく変革しようとしている。

　こうした状況のなかで1987年に心身に障害をもち、日常生活を送るうえで支援を求めている人々に直接にかかわり、生命と生活を支え輝かす専門職として介護福祉士の国家資格が誕生した。その後20年を経て、介護福祉士制度が一部改正され、高齢者介護や障害者福祉を取り巻く状況の変化に伴う介護ニーズの変化をふまえた新カリキュラムによって介護福祉士養成教育が行われている。

　このように、介護福祉士養成教育の歴史と将来を見すえていくと、常に介護実習は養成教育の要であり、その内容と成果が注目される。なぜなら、介護は実践そのものであり、実習が最重要視されるのは当然のことである。

　学生は介護実習Ⅰと介護実習Ⅱの段階の実習を体験するたびに人間的にも大きく成長し、勉強に取り組む意欲が積極的になってくる。したがって、介護実習の成否は養成教育そのものに大きく影響を及ぼすといっても過言ではない。

　このたび、私たちは介護実習の充実を願い、長年実習教育に携わってきた教員が、実習指導のあり方について実際の授業計画の検討を重ねてきた。学生が実習の意義や実習の方法など全体像を理解するために、学生の主体性を引き出すワーク手法を取り入れる工夫も行った。皆さんのご教示やご批判をいただければ幸いである。

　　平成22年1月

　　　　　　　　　　　　　　　　　　　　　　　　　　　　　　編　者

本書の活用にあたって

　本書は、介護福祉士養成課程における「介護実習」および「介護総合演習」の科目に対応したテキストである。

　本書を編集するにあたっては、学生にとって実習を行う際の事前学習・実習中学習・事後学習の意味や目的をまとめ、さらに実際の実習のイメージをつかめるよう、具体的なプログラムや実習内容を示している。なお、本書は2年の養成課程を前提にしているが、スケジュール以外などの基本的な部分に関しては他の養成課程でも活用できる内容となっている。

　本書の特長をまとめると次のようになる。

①介護総合演習の授業において、学生一人ひとりの準備状況に適切に対応指導でき、学生が円滑に実習に臨んでいける工夫として、ワークを豊富に取り入れた。
②各種在宅サービスの実習に対応できるようにした。
③実習前・実習中・実習後の学習の課題を示し、学生がどのような過程を経て実習が行われるかを具体的に理解できるよう編集した。
④各実習について具体的な目標や内容を示し、実習の進度に応じた学習ができるように構成した。
⑤学生が実習に臨むにあたって、そのイメージが具体化できるよう、実際の現場で行われている介護目標や介護の基本に即した指導方法や学生として求められる態度・意識を示した。

　なお、本書は多くの介護福祉士養成校の実習指導担当教員が参加して、各学校で行われている「介護実習・介護総合演習」の指導や教育方針の違いを認めたうえで、共通事項を確認し、まとめたものである。当然、記録様式や実習の進め方には学校によって違いがあるが、その場合は学校の方針にしたがって進めてほしい。また、入所実習施設等によっても施設の方針、さらには時期によって内容の違いが出てくるかもしれないが、その場合には本書と比較して何がどう違うのかといった活用方法をとっていただければ、その施設等の特徴がより明確にみえてくるであろう。

　介護福祉士をめざす学生の皆さんが、より有意義な実習を体験できるように、本書が微力ながらも貢献できれば幸いである。

編者一同

目　次

はじめに

本書の活用にあたって

第1章　介護実習・介護総合演習の意義と目的

第1節　介護実習・介護総合演習の意義と目的……………………… 13
- 1　介護実習・介護総合演習の意義　13
- 2　介護実習・介護総合演習の目的　14
- 3　介護実習・介護総合演習の目標　15
  - 1）介護実習の目標／15
  - 2）介護総合演習の目標／15

第2節　介護実習・介護総合演習の概要…………………………… 15
- 1　介護実習・介護総合演習の内容　16
  - 1）介護総合演習のねらいと教育内容／16
  - 2）介護実習のねらいと教育内容／17
  - 3）厚生労働省の実習施設・事業等に係る基準の見直し／18
- 2　介護実習Ⅰ・Ⅱの要件　19
  - 1）実習施設の要件／19
  - 2）実習指導者の要件／20
- 3　介護実習・介護総合演習の進み方（スケジュール）　21
- 4　他の科目との関係　21

第3節　介護福祉士の専門性と倫理………………………………… 23
- 1　介護福祉士の役割・機能　23
  - 1）社会福祉士及び介護福祉士法にみる介護の定義規定・義務規定／23
  - 2）介護の役割と機能／23
  - 3）介護福祉士養成カリキュラムの改正／24
  - 4）介護福祉士に期待される資質／24
- 2　職業倫理　25
  - 1）介護倫理の基盤となる主な法律／25
  - 2）社会福祉士及び介護福祉士法の条文にみる倫理／26
    - ●ワーク1-1／27
- 3　チームワーク（連携）　27　●ワーク1-2／28
- 4　医行為との関係　29
  - 1）医行為／29
  - 2）たんの吸引の取扱いについて／30
- 5　組織（チーム）の一員として　31

第2章　介護実習・介護総合演習の基本

第1節　介護実習・介護総合演習の準備と留意点……………… 32

1　介護実習・介護総合演習の準備　32

1）介護実習と介護総合演習の関係／32

2）事前学習の内容と介護実習の準備／32

3）介護実習先への提出書類／34

4）事前訪問／34　●ワーク2-1／37　●ワーク2-2／37

2　介護実習・介護総合演習の留意点　39

1）介護実習の事前学習／39

2）介護実習の実習中学習／39

3）介護実習の巡回指導／39

4）帰校日指導／40

5）介護実習の事後学習／40

第2節　記録・報告の仕方…………………………………………… 41

1　実習における記録の重要性　41

2　記録の保管　41

3　記録の種類　42

4　記録を記入するうえでの留意事項　46　●ワーク2-3／46

5　報告　47

第3節　実習の心構え………………………………………………… 47

1　言葉づかい・身だしなみ　48

1）挨拶／48

2）敬語のつかい方／48

3）服装・身だしなみ／48　●ワーク2-4／49

2　実習中の態度・マナー　49

1）実習全体に関しての留意点／49

2）利用者への対応／50

3）施設職員および実習指導者との関係／50

4）学生の態度／51

5）宿泊実習時の諸注意／51

3　実習修了時の態度・マナー　51

第4節　健康管理……………………………………………………… 52

1　感染と感染症　52

2　主要な感染症と予防の方法　53

1）季節性インフルエンザ・新型インフルエンザ／53

2）MRSA／54

3）肝炎（B型肝炎感染症）／55

4）疥癬／56

5）ノロウイルス（感染性胃腸炎）／56　●ワーク2-5／58
　3　腰痛症　58　●ワーク2-6／60
　4　ストレス　60　●ワーク2-7／61

第3章　介護実習Ⅰ・介護総合演習の展開

第1節　介護実習Ⅰ・介護総合演習の目的と目標　62
　1　介護実習Ⅰ・介護総合演習の目的　62
　2　介護実習Ⅰ・介護総合演習の目標　64
　　1）介護実習Ⅰの目標／64
　　2）目標の具体化／64
　　3）介護総合演習の目標／65　●ワーク3-1／65

第2節　介護実習Ⅰの方法　66
　1　介護実習Ⅰの実習計画の立て方　66　●ワーク3-2／67
　2　介護実習Ⅰの記録　67
　　1）実習先の概要／67
　　2）実習日誌／68
　　3）受け持ち記録・フェイスシート／68
　　4）個別生活支援技術の実践記録／68
　3　実習中の留意点　69
　　1）日常生活の場での留意点／69
　　2）介護の場での留意点／70
　　3）その他の留意点／71
　4　介護実習Ⅰの評価（自己評価・実習指導者の評価）　72
　　1）自己評価／72
　　2）他者評価／73　●ワーク3-3／73
　5　実習報告会　74
　　1）実習報告会の目的／74　●ワーク3-4／75
　　2）実習報告会の運営／76

第4章　介護実習Ⅱ・介護総合演習の展開

第1節　介護実習Ⅱ・介護総合演習の目的と目標　77
　1　介護実習Ⅱ・介護総合演習の目的　77
　2　介護実習Ⅱ・介護総合演習の目標　78
　　1）介護実習Ⅱの目標／78
　　2）目標の具体化／78
　　3）介護総合演習の目標／79

第2節　介護実習Ⅱの方法……………………………………… 80
　1　介護実習Ⅱの実習計画の立て方　80
　　1）実習前に理解しておくこと／80
　　2）実習計画の立て方／81
　2　介護過程の実施　83
　　1）アセスメント／83
　　2）介護計画の立案／87
　　3）介護過程の展開例／88　●ワーク4－1／89　●ワーク4－2／89
　　4）介護計画の実践と留意点／90
　　5）介護計画の評価・修正／90
　3　介護実習Ⅱの評価　91　●ワーク4－3／91

第5章　介護実習施設・事業所等の概要と実習の視点

第1節　介護施設（入所型）の実習の視点……………………… 93
　1　介護施設での実習のポイント　93
　　1）根拠法を学ぶ／93
　　2）介護施設で暮らすことの意義／93
　　3）生活への支援／94
　　4）安心して暮らし続けるための支援／94
　　5）地域とのつながり／94
　2　介護老人福祉施設（特別養護老人ホーム）　95
　　1）施設概要と利用者の理解／95
　　2）利用者と介護職員の1日／96
　　3）観察の視点と実習項目／98
　3　介護老人保健施設　100
　　1）施設概要と利用者の理解／100
　　2）利用者と介護職員の1日／101
　　3）観察の視点と実習項目／102
　4　養護老人ホーム　103
　　1）施設概要と利用者の理解／103
　　2）利用者と介護職員の理解／104
　　3）観察の視点と実習項目／106
　5　ケアハウス・特定施設　107
　　1）施設概要と利用者の理解／107
　　2）利用者と介護職員の理解／109
　　3）観察の視点と実習項目／111
　6　障害者支援施設（旧身体障害者療護施設）　112
　　1）施設概要と利用者の理解／112

2）利用者と介護職員の1日／114
　　3）観察の視点と実習項目／114

　7　重症心身障害児施設　115
　　1）施設概要と利用者の理解／115
　　2）利用者と介護職員の1日／117
　　3）観察の視点と実習項目／118

　8　救護施設　119
　　1）施設概要と利用者の理解／119
　　2）利用者と介護職員の1日／121
　　3）観察の視点と実習項目／122

第2節　介護サービス事業所等の概要と実習の視点　123

　1　介護サービス事業所等での実習のポイント　123
　　1）介護サービス事業所の種類／124
　　2）実習のポイント／124
　　3）実習の到達目標／124
　　4）実習中の留意点／125

　2　デイサービス（通所介護）　125
　　1）デイサービスとは／125
　　2）利用者の理解／126
　　3）観察の視点と実習項目／128
　　4）デイサービスにおける記録／128

　3　訪問介護（居宅介護）　129
　　1）訪問介護とは／129
　　2）利用者の理解／130
　　3）利用者家族の理解／131
　　4）観察の視点と実習項目／132
　　5）訪問介護における記録／132

　4　訪問入浴　133
　　1）訪問入浴とは／133
　　2）利用者の理解／133
　　3）観察の視点と実習項目／135
　　4）訪問入浴における記録／135

　5　認知症対応型共同生活介護（認知症高齢者グループホーム）　136
　　1）認知症対応型共同生活介護とは／136
　　2）入居者の理解とホーム・介護職員の役割／137
　　3）介護職員の業務内容／138
　　4）観察の視点と実習項目／138

　6　小規模多機能型居宅介護　139
　　1）小規模多機能型居宅介護とは／139

2）利用者の理解／140
　　3）介護職員の業務内容／142
　　4）観察の視点と実習項目／143

第6章　介護実習共通スキル

第1節　調理、清掃、衣服・洗濯の支援 …………………………… 147
　1　調理　147
　　1）調理の意義と目的／147
　　2）調理の方法と基本的な理解／147
　　3）高齢者・障害者の食事のポイント／148　●ワーク6−1／148
　2　清掃　149
　　1）清掃の意義と目的／149
　　2）清掃の方法と基本的理解／149　●ワーク6−2／151
　3　衣服・洗濯　152
　　1）衣服の意義と目的／152
　　2）洗濯の意義と目的／153　●ワーク6−3／153

第2節　コミュニケーションスキル …………………………… 154
　1　コミュニケーションの意義・目的　154
　2　コミュニケーションの種類と技法　154
　　1）基本的なかかわり方／154
　　2）積極的なかかわり方／155
　　　　●ワーク6−4／155　●ワーク6−5／159

第3節　グループ・カンファレンス …………………………… 160
　1　グループ・カンファレンスの意義・目的　160
　2　実習におけるカンファレンスの種類と内容　161
　3　カンファレンス参加者の役割　161
　　1）司会の役割／161
　　2）書記の役割／161
　　3）参加メンバーの役割／162
　4　カンファレンスの展開と留意点　162　●ワーク6−6／163

第4節　介護予防・生きがい活動 …………………………… 166
　1　介護予防・生きがい活動の意義と目的　166
　2　さまざまな介護予防・生きがい活動　166
　　1）行事、イベント、クラブ活動／166
　　2）音楽療法／167
　　3）回想法／167
　　4）園芸療法／167

5）アニマルセラピー／167
　3　介護予防・生きがい活動の計画と方法　168
        1）アセスメントから計画の立案／168
        2）実施および評価／168
        3）活動支援の実際／169　●ワーク6－7／171

　第5節　実習中のリスクマネジメント ……………………… 172
　1　リスクマネジメントとは　172　●ワーク6－8／173
　2　介護実習におけるリスクマネジメント　173
　3　実習中の事故とリスクマネジメント　175
        1）ヒヤリ・ハット、事故とは／175
        2）介護実習中に多いヒヤリ・ハットと介護事故／175
        3）実習中、もしも事故が起きてしまったら／177
        4）介護事故防止について／177
            ●ワーク6－9／177　●ワーク6－10／179　●ワーク6－11／179
　4　プライバシーの保護　180　●ワーク6－12／180
　5　個人情報の保護　180
　6　苦情への対応　181
　7　身体拘束と虐待の防止　181　●ワーク6－13／182

　第6節　ターミナルケア ………………………………………… 183
　1　終末期の人のケア　183
　2　ターミナル期とは　183
　3　ターミナルケアとは　184
　4　ターミナル期にある人の心の葛藤　185
　5　ターミナルケアにおける介護者の大切なポイント　185
　6　臨死にあたって　187
　7　学生の対応と姿勢　188
            ●ワーク6－14／188　●ワーク6－15／189

資　料 ……………………………………………………………… 191
　◎社会福祉士及び介護福祉士法（抄）　191
　◎日本介護福祉士会倫理綱領　192
　◎「障害老人の日常生活自立度(寝たきり度)判定基準」の活用について　193
　◎「認知症老人の日常生活自立度判定基準」の活用について　194

索　引　196

第1章 介護実習・介護総合演習の意義と目的

1 介護実習・介護総合演習の意義と目的

1　介護実習・介護総合演習の意義

　介護福祉士は少子高齢化が進み続ける社会のなかで、介護の社会化には欠くことができない福祉専門職である。介護サービスを担う中核的な存在であり、利用者の尊厳を尊重するケアの実践者として質の高い介護福祉士が必要とされている。

　2007（平成19）年には社会の介護ニーズの変化に対応して社会福祉士及び介護福祉士法が一部改正され、介護福祉士の定義規定が見直された。従前の専門知識・技術をもって、入浴、排せつ、食事その他の介護等を行うことを業とする者から、専門知識・技術をもって、心身の状況に応じた介護を行うことを業とする者とした。介護福祉士は、利用者を身体面、精神・心理面、社会面、環境面等から総合的に全体像をとらえ生活上の課題を明確にし、日常生活を自立支援の観点から介護する。利用者が最期まで人間として尊重され施設・在宅を問わず住み慣れた地域で暮らし続けていけることを支援することが求められる。

　介護福祉士養成教育課程（カリキュラム）において、介護実習は学生が講義、演習で学んだ知識と技術を関連づけ統合化し、実際に介護を実践できることを通して学習する。

　例えば、2年課程では1,800時間のうち「介護実習」を現場実習として450時間（10単位）と規定し、「実習施設・事業等（Ⅰ）」(以下、介護実習Ⅰ)と「実習施設・事業等（Ⅱ）」(以下、介護実習Ⅱ)で編成する。この介護実習が学生にとって効果的に行なわれるために、「介護総合演習」(120時間)を規定した。介護実習と介護総合演習は一体的に組み合わせて学習する。これらはカリキュラム全体の3分の1余に相当し、介護福祉士養成教育における介護実習教育の重要性を示すものである。

　介護実習は利用者が生活されている所である生活の場において、学生が介護実践を体験して学習する。学生は実習を積み重ねることから、観察力、洞察力、判断力を修得する。この実習が行われる場は施設であれ在宅であれ実社会である。ここでは、介護福祉士だけでなく保健医療福祉などの専門職が従事し、多職種に

表1−1　介護実習・介護総合演習の位置づけ

領　域	教育内容	時　間　数		
		2年課程	福祉系・社会福祉士養成施設等卒	保育士養成施設等卒
人間と社会	人間の尊厳と自立 人間関係とコミュニケーション 社会の理解 人間と社会に関する選択科目	30以上 30以上 60以上 120		15
	合　計	240		
介　護	介護の基本 コミュニケーション技術 生活支援技術 介護過程 ※介護総合演習 ※介護実習	180 60 300 150 120 450	180 60 300 150 60 270	180 60 300 150 60 210
こころとからだのしくみ	発達と老化の理解 認知症の理解 障害の理解 こころとからだのしくみ	60 60 60 120	30 30 30 60	30 60 30 60
	合　計	1,800	1,170	1,155

　よる協働・連携によるチームケアが行なわれている。また、家族との関係や地域の人々や他の機関との関係もある。そこでは学生として誠実で積極的に学ぶ態度と社会人としての基本的なマナーが、円滑な人間関係のために求められる。学生は介護福祉の実践に必要な価値・倫理・知識・技術を統合して利用者の状況に応じた介護を行なう実践力を習得する。

　また介護実習は、利用者の生命、生活、人生、不安、苦悩、安心、望み、生きがい、終末期、死と出会いとそれらの時間を利用者と共有する機会でもある。それらを通して、学生が自分自身に向き合うことによって、自分自身の死生観、人間観、介護福祉観などを考える貴重な機会となる。学生は、専門職としての高い倫理性の保持と温かい思いやりをもった態度、そして利用者から人生を学ぶ態度が求められる。

2　介護実習・介護総合演習の目的

　介護実習・介護総合演習の目的は、学生が、現在介護が実践されている場において、一人ひとりの利用者の個別性を尊重した介護サービスを経験し、参加と自立支援の視点から利用者が望むよりよい介護実践に発展できる能力を修得する。

3　介護実習・介護総合演習の目標

1）介護実習の目標

　一人ひとりの利用者の個別ケアを行うために、生活リズムや個性など全体像を理解し利用者の生活上の課題を明確にできる学習とする。利用者ごとの介護計画の立案、計画に基づいた実践、実施後の評価や計画の修正といった介護過程が展開できる学習とする。他科目で学習した知識や技術を統合して、具体的な介護サービス提供の実践力を習得する学習とする。

2）介護総合演習の目標

　介護総合演習は、介護実習Ⅰ・介護実習Ⅱのそれぞれについて事前学習、実習中学習、事後学習として組み合わせて学習する。また、学生個別の学習到達状況に応じた総合的な学習とする。

　具体的には、①事前学習として介護技術の確認、②事前学習として配属実習施設等の理解、③実習中に学校に戻って実習に必要な知識や技術の確認、④実習中に学校に戻って介護過程の展開学習、⑤実習後の事例報告集の作成、⑥実習後の実習報告会の開催などである。

2　介護実習・介護総合演習の概要

　養成校で学ぶ知識・技術は、学生の思考を刺激し、介護実習を通して職業倫理・人権尊重・人としての生活経験を豊かにする基礎づくりとなる。学生が、介護実習で学ぶ意義は、「人」を理解する、「人」の尊厳を支える、「ひと」の幸せを創造するという点で大きな意義がある。なぜなら、今回の改正は介護実習が単に「人のお世話をする」というとらえ方ではなく科学的・論理的思考に基づく介護実践や人間としての成長に大きな期待と希望があるからである。

　厚生労働省が示した「介護福祉士養成課程における教育内容の見直しについて（案）」（2007（平成19）年12月）（以下、見直し案）では、資格取得時に求められる介護福祉士養成の到達目標として11項目が明記された（表1-2）。この11項目を達成するために、3領域（「人間と社会」「介護」「こころとからだのしくみ」）を中心とした教育体系に再編された。なかでも、介護総合演習と介護実習は3領域の知識と技術を統合し、学生が学ぶための要素が縦横無尽に連なっていると考えられる。

　本節では新カリキュラムに基づき変更された介護実習、介護総合演習の内容や、

表1-2　資格取得時の到達目標

> 1．他者に共感でき、相手に立場に立って考えられる姿勢を身につける
> 2．あらゆる介護場面に共通する基本的な介護の知識・技術を習得する
> 3．介護実践の根拠を理解する
> 4．介護を必要とする人の潜在能力を引き出し、活用・発揮させることの意義について理解できる
> 5．利用者本位のサービスを提供するため、多職種協働によるチームアプローチの必要性を理解できる
> 6．介護に関する社会保障の制度、施策についての基本的理解ができる
> 7．他の職種の役割を理解し、チームに参画する能力を養う
> 8．利用者ができるだけなじみのある環境で日常的な生活が送れるよう、利用者ひとりひとりの生活している状態を的確に把握し、自立支援に資するサービスを総合的、計画的に提供できる能力を身につける
> 9．円滑なコミュニケーションの取り方の基本を身につける
> 10．的確な記録・記述の方法を身につける
> 11．人権擁護の視点、職業倫理を身につける

出典：厚生労働省「介護福祉士養成課程における教育内容の見直しについて（案）」

　介護実習Ⅰ・Ⅱの要件について確認し、介護実習と介護総合演習の具体的な進み方と関連、また他の科目との関係を確認することとする。なお、ここでの介護実習Ⅰ・Ⅱは見直し案の内容に準ずる。介護実習①②などは養成校が独自に計画した実習段階や実習の進み方を示すものである。

1　介護実習・介護総合演習の内容

1）介護総合演習のねらいと教育内容

> 　実習の教育効果を上げるため、介護実習前の介護技術の確認や施設等のオリエンテーション、実習後の事例報告会または実習期間中に学生が養成施設等において学習する日を計画的に設けるなど、実習に必要な知識や技術、介護過程の展開能力等について、個別の学習到達状況の応じた総合的な学習とする。介護総合演習については実習と組み合わせての学習とする。
>
> （厚生労働省「新しい介護福祉士養成カリキュラムの基準と想定される教育内容の例（案）」）より

　介護総合演習（120時間）は、介護実習の目標を達成するために学内で行われる授業である。演習とあるとおり講義形式ではなく、実習での学びを効果的にするため、学生自らがテーマに沿って学習し、まとめ、発表、意見交換を行い、介護実習の課題を明確にする参加型授業である。教員は、演習の効果が上がるよう

学生の状況を適宜把握し、指示、提示、示唆など授業を進める必要がある。また、介護総合演習と介護実習の効果は、学生と教員、実習施設の指導者との協同作業に求められることも大きいと考える。

介護総合演習は、介護実習の「事前」「実習中」「事後」を通して計画し、演習内容も実習の効果を上げるため各養成校により工夫されており、演習と実習はセットで考えることが必要となる。

今回の新カリキュラムでは介護実習時間の見直しはされなかったが、介護実習が重要であることに変わりはない。介護実習はⅠ・Ⅱの実習区分が規定され、実習区分により実習の組み立ては養成校により違っている。なお、介護総合演習と介護実習の関係と進み方を図1-1に示した。

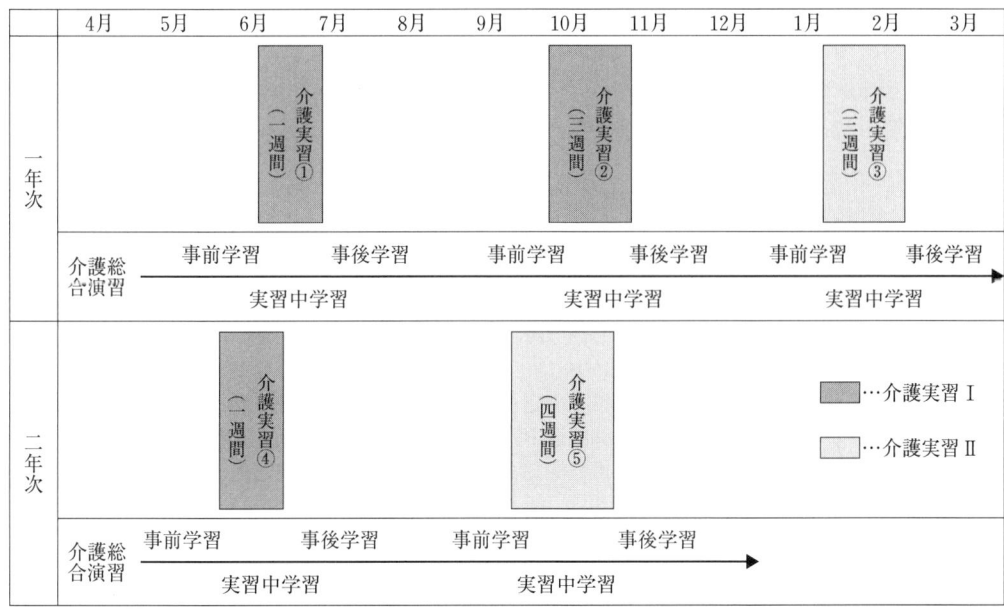

図1-1 介護実習と介護総合演習の関係と進み方（2年課程）

2）介護実習のねらいと教育内容

> ①様々な生活の場における個々の生活リズムや個性を理解した上で、個別ケアを理解し、利用者・家族とのコミュニケーションの実践、介護技術の確認、多職種協働や関係機関との連携を通じたチームの一員としての介護福祉士の役割について理解する学習とすること
> ②利用者の課題を明確にするための利用者ごとの介護計画の作成、実施後の評価やこれを踏まえた計画の修正といった介護過程を展開し、他科目で学習した知識や技術を総合して、具体的な介護サービスの提供の基本となる実践力を習得する学習とすること
>
> （厚生労働省「介護福祉士養成課程における教育内容の見直しについて（案）」より）

①は介護実習Ⅰで実施される内容であり、利用者の理解からコミュニケーション、介護技術の習得、多職種との連携、介護福祉士としての役割、倫理観、職業観等の確立をねらいとしている。養成校により、介護実習計画の学ばせるねらいや内容は、何時の時期にどのような内容をどのように学ばせるかの工夫がされている。

②は介護実習Ⅱで実施される内容であり、利用者の個別性のある計画を、介護過程の展開を通して学ばせることになる。いずれも何を学ばせるかによって介護実習の内容は変化する。学生が効果的に学ぶために養成校の工夫が大きいと考えられる。

3）厚生労働省の実習施設・事業等に係る基準の見直し

見直しの背景として、介護保険制度の施行で施設入所サービスの生活の場から地域での介護サービスの転換が進められてきたことや、施設でも個々の生活リズムを尊重したケアが進んでいるなどきめ細かい介護サービスが創設されてきていることがあげられる。

> 実習は介護福祉士の養成課程において非常に重要な要素であり、実習施設・事業等を
> ①利用者の生活の場である多様な介護現場において、利用者の理解を中心とし、これに併せて利用者・家族との関わりを通じたコミュニケーションの実践、多職種協働の実践、介護技術の確認等を行うことに重点を置いた「実習施設・事業等（Ⅰ）」
> ②一つの施設・事業等において一定期間以上継続して実習を行う中で、利用者ごとの介護計画の作成、実施後の評価やこれを踏まえた計画の修正といった一連の介護過程のすべてを継続的に実践することに重点を置いた「実習施設・事業等（Ⅱ）」
> の２つに区分して、それぞれの趣旨に即して基準を設定する。
>
> （厚生労働省「介護福祉士養成課程における教育内容の見直しについて（案）」）

介護実習では、養成校の実習目的・目標により、実習区分をふまえて実習方法を設定する必要がある。実習の時期や時間、どんな内容をどのように組み立て効果的な実習に結びつけるかが鍵となる。また、介護実習Ⅰの実習先は、居宅サービスを中心とする多様な介護現場として、介護保険法その他の関係法令に基づく施設がある。なお、介護保険法では指定地域密着型サービスを行う事業所、指定施設サービスを行う施設、指定介護予防サービスを行う事業所などがある。

介護過程の実践では、情報収集から実施・評価・修正までといった一連の過程を実践するなかで継続の意義を学ばせることになる。また、学生の介護計画を施設職員が継続して実施することも介護の継続につながる。介護にかかわる全員が学生の介護計画を継続して実践するなら、学生にとっては大きな喜びであり、実

習成果にもつながるのである。そして、介護過程の学びは実習後のケーススタディ・事例研究と深くかかわってくる。また、介護観も実習後のふり返りを行うことで確立されてくると考えられる。学生は、介護実習で利用者という学びを提供する人や指導者の指導により大きく成長する。教員は、学生のもっている力を伸ばしていく指導を実習施設の指導者と協力して取り組むことが望まれる。

2　介護実習Ⅰ・Ⅱの要件

1）実習施設の要件

①介護実習Ⅰ

> 実習施設・事業等（Ⅰ）は、厚生労働大臣が別に定めるものであって、介護保険法その他の関係法令に基づく職員の配置に係る要件を満たすものであること。
> （厚生労働省「介護福祉士養成課程における教育内容等の見直しについて（案）」）

　見直し案では、利用者の暮らしや住まい等の日常生活の理解や多様な介護サービスの理解を行うことができるよう、利用者の生活の場として、居宅サービスを中心とする多様な介護現場を確保し、介護保険法その他の関係法令に基づく職員の配置に係る要件を満たすこと以外には、特段の要件は求めないこととなっており、施設の規定が緩和された。

②介護実習Ⅱ

　「実習施設・事業等（Ⅱ）は、厚生労働大臣が別に定めるものであって、次に掲げる要件を満たすものであること」として以下の内容が示されている（「厚生労働大臣が別に定めるもの」については表1－3参照）。

> ・実習指導マニュアルを整備し、実習指導者を核とした実習指導体制を確保できるよう介護職員に占める介護福祉士の比率が3割以上であること。
> ・介護サービスの提供のためのマニュアル等が整備され、活用されていること。
> ・介護過程に関する諸記録（介護サービスの提供に先立って行われる利用者のアセスメントに係る記録、実際に提供された介護サービスの内容及びその評価に係る記録等）が適切に整備されていること。
> ・介護職員に対する教育、研修等が計画的に実施されていること。
> （厚生労働省「介護福祉士養成課程における教育内容等の見直しについて（案）」）

　また、「介護実習に係る時間数の3分の1以上を実習施設・事業等（Ⅱ）における実習に充てること」となっている。そして、実習施設の種別選定にあたっては、介護実習全体で種別に片寄ることがないように配慮することが謳われている。

表1−3　社会福祉士介護福祉士養成施設指定規則第5条第14号イにおいて厚生労働大臣が別に定める施設

一　労働者災害補償保険法（昭和22年法律第50号）に規定する被災労働者の受ける介護の援護を図るために必要な事業に係る施設であつて、年金たる保険給付を受給しており、かつ、居宅において介護を受けることが困難な者を入所させ、当該者に対し必要な介護を提供するもの

二　児童福祉法に規定する知的障害児施設、知的障害児通園施設、盲ろうあ児施設、肢体不自由児施設、重症心身障害児施設及び指定医療機関

三　生活保護法に規定する救護施設及び更生施設

四　老人福祉法に規定する老人デイサービスセンター、老人短期入所施設、養護老人ホーム、特別養護老人ホーム及び老人介護支援センター並びに老人居宅生活支援事業

五　介護保険法に規定する指定施設サービス等を行う施設並びに居宅サービス（訪問看護、訪問リハビリテーション、居宅療養管理指導、福祉用具貸与及び特定福祉用具販売を除く。）を行う事業、指定地域密着型サービスを行う事業、介護予防サービス（介護予防訪問リハビリテーション、介護予防居宅療養管理指導、介護予防福祉用具貸与及び特定介護予防福祉用具販売を除く。）を行う事業及び指定地域密着型介護予防サービスを行う事業

六　障害者自立支援法に規定する障害者支援施設及び地域活動支援センター並びに障害福祉サービス事業及び移動支援事業

七　身体上又は精神上著しい障害があるために常時の介護を必要とし、かつ、居宅においてこれを受けることが困難な原子爆弾被爆者を入所させ、養護することを目的とする施設

八　身体上又は精神上の障害があることにより自ら入浴するのに支障がある者に対し、その者の居宅に浴槽を搬入し、使用させる事業であつて、同時に入浴の介護を行うもの

2）実習指導者の要件

①介護実習Ⅰの実習指導者

「実習施設・事業等（Ⅰ）における実習指導者は、介護福祉士の資格を有する者又は3年以上介護業務に従事した経験のある者」となり要件が緩和された。

②介護実習Ⅱの実習指導者

「実習施設・事業等（Ⅱ）における実習指導者は、介護福祉士として3年以上実務に従事した経験があり、かつ厚生労働大臣が別に定める研修課程（介護福祉士養成実習施設・事業等実習指導研修課程）を修了した者、その他の者に準ずる者として厚生労働大臣が別に定める者であること」として規定された。なお、実

習指導者の研修状況から介護実習Ⅱに係る指導者については、その他に準ずる者としての規定や経過措置が置かれたが、ここでは省略する。

3　介護実習・介護総合演習の進み方（スケジュール）

前述の図1－1は2年養成課程における介護実習と介護総合演習の進み方を示した一例である。

実習時間は、2年養成課程では450時間、1年養成課程[*1]は入学条件で時間数が異なる。介護実習の計画は介護総合演習や科目の学習時期にも関係し、学生にとって効果的な計画が資格取得時の到達目標につながるものと考えられる。しかし、今後、国家試験との関連もふまえて介護実習の時期を検討していくことが各養成校に残された課題となってくると考える。なかでも、1年の養成課程では実習時間は減少したものの1,155時間であり国家試験の時期が従来通りであるなら大きな課題となると思われる。

> [*1]　1年養成課程
> 　入学条件が「福祉系大学、社会福祉士養成等卒業者」の場合は270時間、「保育士養成施設等卒業者」の場合は210時間。

4　他の科目との関係

今回の新カリキュラムは、「介護」「人間と社会」「こころとからだのしくみ」の3領域に重点が置かれた。特に「介護」領域には実習や介護総合演習も含め1,260時間が規定され「介護の基本」「生活支援技術」「介護過程」を学び、生活を支える介護技術を養う。これは介護が実践の技術であるという性格から3領域に構成されたものである。「介護」領域を中心として他の2領域がバックアップする構成となっている（図1－2）。

「人間と社会」領域は240時間である。この領域では、「人間の理解」「社会の理

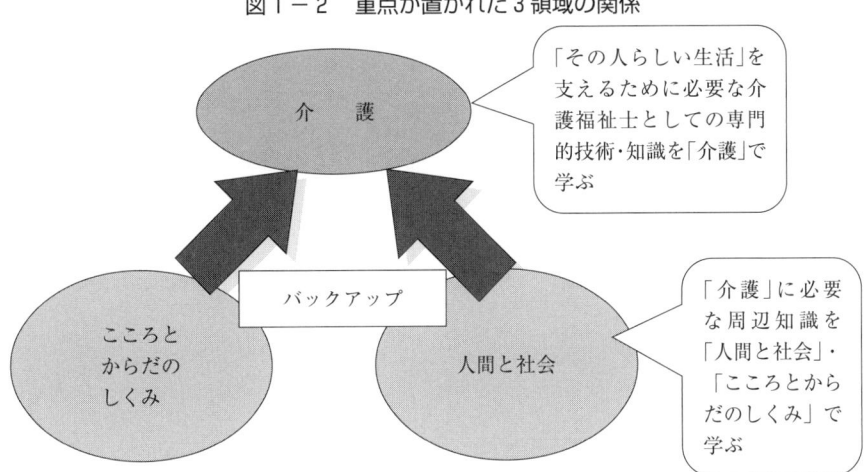

図1－2　重点が置かれた3領域の関係

解」を学び、介護を必要とする者に対する全人的な理解や尊厳の保持、介護実践の基礎となる教養、総合的な判断力および豊かな人間性を涵養することや多職種との連携、チームケアを行うためのコミュニケーション能力を養う。また、説明責任能力や根拠に基づく介護実践、記録技術などを養う。さらに介護保険法や障害者自立支援法など介護実践に必要な知識を養う。そして利用者の権利擁護などを学習し、職業倫理観を養うことが目的となる。

「こころとからだのしくみ」領域については300時間である。この領域では、介護実践に必要という観点から、「こころとからだのしくみ」を120時間学習する。また、認知症の人が増加（平成32年に291万6,000人：厚生省人口問題研究所の人口将来推計に基づく推計「我が国の精神保健福祉」平成13年度版）している現状をふまえ、「認知症の理解」に60時間、「障害の理解」（知的障害、身体障害、精神障害等）を60時間学習することになる。これらの学習により、学生が実習で知識と実践を結びつけていかすことができるのである。

図1-3 「介護実習と総合演習の関係」および「人間と社会」「こころとからだのしくみ」

総合演習の内容
- 介護実習前オリエンテーション
- 実習態度
- 人権擁護の理解
- 多職種との連携
- ケーススタディ
- 地域との連携　etc
- 実習中の指導者、教員の指導
- 研究的態度
- カンファレンスの持ち方・実際
- 自立支援
- 実習施設の法令根拠
- 自己の健康管理
- 介護技術チェック
- 反省会、総括
- 実習報告会
- 職業倫理

介護実習Ⅰ　介護実習①（1週間）
介護実習Ⅰ　介護実習②（2週間）
介護実習Ⅱ　介護実習③（3週間）
介護実習Ⅰ　介護実習④（1週間）
介護実習Ⅱ　介護実習⑤（4週間）

介護総合演習（事前・実習中・事後）

・人間と社会の理解　・こころとからだのしくみ　・介護（生活支援技術、介護過程、ケーススタディ、事例研究、コミュニケーション等）　・その他の科目（教科科目、教養科目）

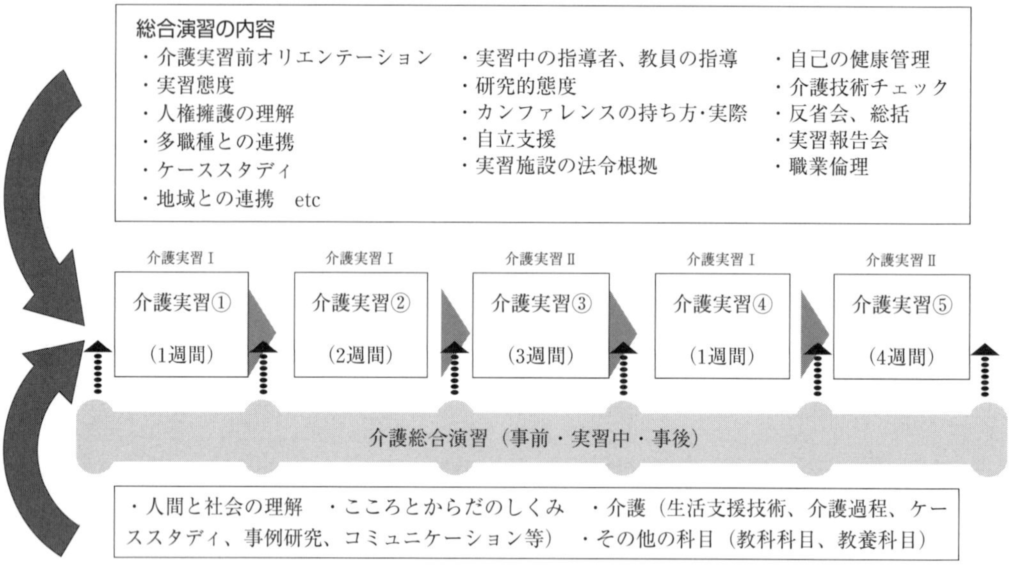

注：介護実習Ⅰと介護実習Ⅱの区分はあるが、目標・内容、時期、期間等は養成校により計画は違うため、ここでは一般的な計画例として示す。したがって演習内容もそれぞれ異なってくるが概ねこのような内容は必要である。

3 介護福祉士の専門性と倫理

1 介護福祉士の役割・機能

1）社会福祉士及び介護福祉士法にみる介護の定義規定・義務規定

　近年の介護・福祉ニーズの多様化・高度化により人材確保・資質の向上を図る必要性が生じ、2007（平成19）年に社会福祉士及び介護福祉士法の介護の定義規定と義務規定の見直しがされた。

　定義規定は、「介護福祉士とは、第42条第1項の登録を受け、介護福祉士の名称を用いて、専門的知識及び技術をもって、身体上または精神上の障害があることにより日常生活を営むのに支障がある者につき入浴、排せつ、食事その他の介護を行い、並びにその者及びその介護者に対して介護に関する指導を行うこと（以下「介護等」という。）を業とする者をいう」（旧第2条第2項）から、介護福祉士の行う「介護」を「入浴、排せつ、食事その他の介護」から「心身の状況に応じた介護」と改められた。従来の身体介護中心から、医療ニーズのある人や認知症など心身の状況に応じ多様なニーズを視野に入れた心理的側面、社会的側面が加えられ全人的なケアが求められるようになったのである。

　義務規定には、「誠実義務」（第44条の2）と「資質向上の責務」（第47条の2）が加えられた。義務規定の条文については後述するが、主な改正内容は、①個人の尊厳の保持、②認知症の心身の状況等に応じた業務、③福祉サービス提供者、医師等の保健医療サービス提供者その他の関係者との連携、④知識・技能の向上である（p.26参照）。

2）介護の役割と機能

　介護は、利用者の行うことのできない部分を支援するばかりではなく、一人ひとりのそれまでに築いてきた生活習慣や価値観を尊重し、その人らしい生活や生き方を支援することである。

　自立生活支援の実施のためには、それまでの生活や心身の状況をアセスメントし、利用者の主体性を尊重した介護サービスを計画的に行う必要がある。残存能力の活用や潜在能力を引き出し、自らの意思で自立生活をめざすことができるように支援する。たとえ身体的に自立が困難であっても利用者が自分らしくあり続けられるように、心の自立を支え、自己選択・自己決定の意思を尊重する。あるいは意思を表出できるように働きかけることが重要である。

　その人らしさを尊重し、多様なニーズに対応するために多職種との連携・協働

を図らなければならない。

3）介護福祉士養成カリキュラムの改正

　新カリキュラムでは、12項目からなる「求められる介護福祉士像」が示された（表1－4）。「求められる介護福祉士像」は、専門職としてのあるべき姿を示したもので、養成校を卒業した後も専門職業人としてこれらの目標に向かって日々研鑽しなければならない指標となっている。

　「資格取得時の到達目標」は、いいかえれば介護福祉士養成校の卒業時の到達目標である。卒業後「求められる介護福祉士像」の実現に向けて自己研鑽していくために基礎となる知識・技術を示したものである。

4）介護福祉士に期待される資質

　介護福祉士に期待される資質は、①他者に共感でき、相手の立場に立って考え

表1－4　求められる介護福祉士像と資格取得時の到達目標

資格取得時の到達目標	資格取得時の介護福祉士	求められる介護福祉士像
1．他者に共感でき、相手に立場に立って考えられる姿勢を身につける 2．あらゆる介護場面に共通する基本的な介護の知識・技術を習得する 3．介護実践の根拠を理解する 4．介護を必要とする人の潜在能力を引き出し、活用・発揮させることの意義について理解できる 5．利用者本位のサービスを提供するため、多職種協働によるチームアプローチの必要性を理解できる 6．介護に関する社会保障の制度、施策についての基本的理解ができる 7．他の職種の役割を理解し、チームに参画する能力を養う 8．利用者ができるだけなじみのある環境で日常的な生活が送れるよう、利用者ひとりひとりの生活している状態を的確に把握し、自立支援に資するサービスを総合的、計画的に提供できる能力を身につける 9．円滑なコミュニケーションの取り方の基本を身につける 10．的確な記録・記述の方法を身につける 11．人権擁護の視点、職業倫理を身につける	介護を必要とする幅広い利用者に対する基本的な介護を提供できる能力	1．尊厳を支えるケアの実践 2．現場で必要とされる実践的能力 3．自立支援を重視し、これからの介護ニーズ、政策にも対応できる 4．施設・地域（在宅）を通じた汎用性ある能力 5．心理的・社会的支援の重視 6．予防からリハビリテーション、看取りまで、利用者の状態に対応できる 7．多職種協働によるチームケア 8．一人でも基本的な対応ができる 9．「個別ケア」の実践 10．利用者・家族、チームに対するコミュニケーション能力や的確な記録・記述力 11．関係領域の基本的な理解 12．高い倫理性の保持

出典：厚生労働省「介護福祉士養成課程における教育内容の見直しについて（案）」

られること。②あらゆる場面に応用のできる基礎的な知識・技術をもっていること。③介護実践の根拠がわかること。④多職種協働によるチームケアがとれること。⑤個別ケアのために介護過程が展開できること。⑥コミュニケーション能力があること。⑦高い倫理性をもっていることなどである。これらは介護実習を通して身につけていかなければならない。

2 職業倫理

　職業倫理とは、ある職業に就いている個人や集団が仕事の責任や役割を果たすために、専門職としての目的や行ってはならないことなど自らの行為を管理するための規範のことをいう。日本介護福祉士会は、1995（平成7）年に「日本介護福祉士会倫理綱領」を策定している（巻末資料、p.192参照）。業務にあたってはこれらの規定に基づいて行動しなければならない。

　介護は、利用者の基本的人権を守り、その人の生活を支える仕事である。仕事の特殊性から利用者との密着性が高く、個人のプライバシーにかかわる機会が多く、個人の倫理観が問われるところである。

1）介護倫理の基盤となる主な法律

①日本国憲法にみる基本的人権

　基本的人権については、日本国憲法の第13条（個人の尊重・生命・自由・幸福追求の権利の尊重）、第14条（法の下の平等、貴族制度の否認、栄典の限界）、第24条（家族生活における個人の尊厳と両性の平等）、第25条（生存権、国の生存権保障義務）に定められている。たとえ、要介護状態にあってもこれらの基本的人権は守られなければならない。

②個人情報保護法

　高度情報通信社会になり、個人の情報が容易に他者に流出するようになった。そのため高齢者に強引な「消費者詐欺」や「振り込め詐欺」などが横行するようになった。特に認知症高齢者の被害を防ぐためにデーターの適切な管理を図り、個人の権利、保護を目的に個人情報保護法が制定された。

③高齢者虐待防止法

　「高齢者虐待の防止、高齢者の擁護者に対する支援等に関する法律」（高齢者虐待防止法）が2005（平成19）年に成立した。虐待には、❶心理的虐待、❷身体的虐待、❸性的虐待、❹経済的虐待、❺養護の放棄があるが、虐待の背景には、介護疲れによるストレスがある。虐待をする家族も虐待される高齢者も「虐待をしている、されている」という意識がないことが多い。この法律は虐待を受けた高齢者の保護と虐待をした養護者に対する支援の措置を定めている。

2）社会福祉士及び介護福祉士法の条文にみる倫理

社会福祉士及び介護福祉士法では、社会福祉士及び介護福祉士の義務等を次のように定めている。

> 第44条の2（誠実義務）　社会福祉士及び介護福祉士は、その担当する者が個人の尊厳を保持し、その有する能力及び適性に応じ自立した日常生活を営むことができるよう、常にその者の立場に立つて、誠実にその業務を行わなければならない。

今回の改正で新たに加えられた条文であるが、個人の尊厳と自立生活支援のために利用者主体で誠実な業務をすることが義務づけられた。

> 第45条（信用失墜行為の禁止）　社会福祉士又は介護福祉士は、社会福祉士又は介護福祉士の信用を傷つけるような行為をしてはならない。

介護福祉士と利用者との関係は信頼関係で成り立っている。信頼を裏切るような行為は、その職種全体の信用をなくすことにもなる。一人ひとりが日ごろから信頼関係を築きあげていく努力をしなければならない。

> 第46条（秘密保持義務）　社会福祉士又は介護福祉士は、正当な理由がなく、その業務に関して知り得た人の秘密を漏らしてはならない。社会福祉士又は介護福祉士でなくなつた後においても、同様とする。

学生の実習記録から利用者の情報が流出しない注意が必要である。実習施設外の公共の場で利用者の個人情報に関する話は避けなければならない。

> 第47条（連携）　2　介護福祉士は、その業務を行うに当たつては、その担当する者に、認知症（介護保険法（平成9年法律第123号）第8条第16項に規定する認知症をいう。）であること等の心身の状況その他の状況に応じて、福祉サービス等が総合的かつ適切に提供されるよう、福祉サービス関係者等との連携を保たなければならない。

利用者が適切な福祉サービスが受けられるよう、福祉サービス関係者等と連携を図るのは介護福祉士の責務である

> 第47条の2（資質向上の責務）　社会福祉士又は介護福祉士は、社会福祉及び介護を取り巻く環境の変化による業務の内容の変化に適応するため、相談援助又は介護等に関する知識及び技能の向上に努めなければならない。

介護の質向上のために自ら研修・研鑽をつむことは専門職としての責任である。

ワーク1-1 利用者のケースファイル(個人情報)の取り扱いについて考えてみよう!

受け持ち利用者のケースファイルを自分の記録と一緒に気づかないで持ち帰ってしまいました。家に帰り気づいたのですが、持ち帰ったことは施設に連絡をしないで情報収集のためにコンビニエンスストアでコピーをしました。この行動の問題はどこにあるでしょうか。考えてみましょう。

---

3 チームワーク（連携）

　生活支援の内容は利用者一人ひとり異なるものであり、それは疾患や障害のレベル、生活歴や性格などが影響し合い一律にできるものではない。介護者は利用者の個別性に配慮し、そのなかで利用者の可能性を引き出し自立をめざした生活支援を展開することが求められる。その場合必要になることが多職種との連携である。各職種が同じ目標に向かって連携し取り組むことで、既存の支援では解決が難しい課題に対しても、お互いの専門性をいかしながらアプローチすることができる。つまり質の高い介護実践には医師・看護師・理学療法士・作業療法士・ソーシャルワーカーなどのスタッフとの協力体制が必要不可欠である。主な専門職の役割と機能は以下の通りである。多職種連携を実践する場合の基礎知識に活用してほしい。

①医師

　医師とは、「医師は、医療及び保健指導を掌ることによって公衆衛生の向上及び増進に寄与し、もって国民の健康な生活を確保する者」をいう（医師法第1条）。医師は業務独占の国家試験であり「医師でなければ医業をなしてはならない」と定められている（同法第17条）。

②社会福祉士

　社会福祉士は「社会福祉士の名称を用いて、専門的知識及び技術をもつて、身体上若しくは精神上の障害があること又は環境上の理由により日常生活を営むのに支障がある者の福祉に関する相談に応じ、助言、指導、福祉サービスを提供する者又は医師その他の保健医療サービスを提供する者その他の関係者との連絡及び調整その他の援助を行うこと（「相談援助」）を業とする者をいう」と規定されている（社会福祉士及び介護福祉士法第2条）。

③看護師

　看護師とは、「厚生労働大臣の免許を受けて、傷病者若しくはじよく婦に対する療養上の世話又は診療の補助を行うことを業とする者をいう」と規定されている（保健師助産師看護師法第5条）。看護師は業務独占の資格であり、看護師でない者は、看護師またはこれに紛らわしい名称を使用してはならない。

④理学療法士

　理学療法士とは、「厚生労働大臣の免許を受けて、理学療法士の名称を用いて、医師の指示の下に、理学療法を行うことを業とする者をいう」と規定されている（理学療法士及び作業療法士法第2条第3項）。理学療法とは、「身体に障害のある者に対し、主としてその基本的動作能力の回復を図るため、治療体操その他の運動を行なわせ、及び電気刺激、マツサージ、温熱その他の物理的手段を加えることをいう」（同1項）と規定されている。

⑤作業療法士

　作業療法士とは、「厚生労働大臣の免許を受けて、作業療法士の名称を用いて、医師の指示の下に、作業療法を行うことを業とする者をいう」と規定されている（理学療法士及び作業療法士法第2条第4項）。作業療法とは「身体又は精神に障害のある者に対し、主としてその応用的動作能力又は社会的適応能力の回復を図るため、手芸、工作その他の作業を行なわせることをいう」（同2項）。

⑥栄養士

　栄養士とは「都道府県知事の免許を受けて、栄養士の名称を用いて栄養の指導に従事することを業とする者をいう」と規定されている（栄養士法第1条）。

ワーク1－2　チームにおける介護福祉士の役割を次の場面に基づいてグループで話し合ってみよう！

〈場面設定〉

　介護者Aさんは、食堂で利用者Bさんの食事介助を行いながら、同じテーブルの利用者Cさんの見守り介助を行っていた。時々手を休めてしまうCさんに、食事を促す声かけを行っていたところ、Cさんが急に咳き込み誤嚥状態となった（食堂にはAさんを含め介護者が2名）。

〈利用者の状況〉

Bさん	疾患名	アルツハイマー型認知症
	認知症	重度
	ADL	両下肢筋力の低下のため車椅子、食事：全介助
	意思疎通	不可
Cさん	疾患名	アルツハイマー型認知症
	認知症	中等度

ADL	両下肢筋力の低下のため車椅子 食事：見守り介助・スプーンを使用すれば自力摂取 時々声掛けをしないとスプーンを口へ運ばなくなる 主食・・・5分粥　副食・・・きざみ食 嚥下：時々咳き込むときがあるため注意が必要
意思疎通	返事はあるが理解できているかどうか分からない

[学習ポイント]
①事故発見時の介護者Aさんの適切な対応方法を考えてみよう。
②多職種との連携方法を考えてみよう。

4　医行為との関係

1）医行為

「医行為」とは、医師の医学的判断および技術をもってするのでなければ人体に危害を及ぼし、または危害を及ぼすおそれのある行為とされている。

介護福祉士は高齢者や障害者の介護の現場においてある行為が医行為であるか否かについて、その時の様子や状況によって判断して対応する必要がある。しかし、実際には看護師が手薄な夜間などに医療依存度の高い利用者に対して、介護福祉士が医行為を行っている状況がある。その場合、自ら行っている行為を医行為と認識していない、また行ってよい支援なのか迷いはあるが、危険性に対する知識も不十分なまま安易な判断で行ってしまうケースがみられる。

介護福祉士は利用者の「心身の安全」を守るために医行為の範囲について正確な情報をもち、自らの業務範囲を理解して責任ある行動をとる必要がある。

原則として医行為ではないと考えられるものが厚生労働省より以下の通り通知されている（厚生労働省通知「医師法第17条、歯科医師法第17条及び保健師助産師看護師法第31条の解釈について」より）。介護福祉士が行う行為として適切か否か判断する際の基準として用いるとよい。

①水銀体温計・電子体温計により腋下で体温を計測すること、及び耳式電子体温計により外耳道で体温を測定すること
②自動血圧測定器により血圧を測定すること
③新生児以外の者であって入院治療の必要がないものに対して、動脈血酸素飽和度を測定するため、パルスオキシメーターを装着すること
④軽微な切り傷、擦り傷、やけど等について、専門的な判断や技術を必要としない処置をすること（汚物で汚れたガーゼの交換を含む）
⑤皮膚への軟膏の塗布（褥瘡の処置を除く）、皮膚への湿布の貼付、点眼薬の点眼、一包化された内服薬の内服（舌下錠の使用も含む）、肛門からの坐薬挿入

又は鼻腔粘膜への薬剤噴霧を介助すること（但し、患者の状態が以下の３条件を満たしていること。❶患者が入院・入所して治療する必要がなく容態が安定していること。❷副作用の危険性や投薬量の調整等のため、医師又は看護職員による連続的な容態の経過観察が必要である場合ではないこと。❸内服薬については誤嚥の可能性、坐薬については肛門からの出血の可能性など、当該医薬品の使用の方法そのものについて専門的な配慮が必要な場合ではないこと）

⑥爪そのものに異常がなく、爪の周囲の皮膚にも化膿や炎症がなく、かつ、糖尿病等の疾患に伴う専門的な管理が必要でない場合に、その爪を爪切りで切ること及び爪ヤスリでやすりがけすること

⑦重度の歯周病等がない場合の日常的な口腔内の刷掃・清拭において、歯ブラシや綿棒又は巻き綿子などを用いて、歯、口腔粘膜、舌に付着している汚れを取り除き、清潔にすること

⑧耳垢を除去すること（耳垢塞栓の除去を除く）

⑨ストマ装具のパウチにたまった排泄物を捨てること（肌に接着したパウチの取り替えを除く）

⑩自己導尿を補助するため、カテーテルの準備、体位の保持などを行うこと

⑪市販のディスポーザブルグリセリン浣腸器を用いて浣腸すること

上記にあげる行為は、原則として医行為でないと考えられるものであるが、病状が不安定であること等により専門的な管理が必要な場合には、医行為であるとされる場合もある。さらに病状の急変が生じた場合、その他必要な場合は、医師、歯科医師または、看護職員に報告する必要がある。

２）たんの吸引の取扱いについて

「ALS（筋委縮性側索硬化症）患者の在宅療養の支援について」（平成15年７月17日医政発第0717001号）の通知により、在宅ALS患者が家族の介護のみに依存しなくても、円滑な在宅療養生活を送ることができるように、一定の条件下では、家族以外の者（医師・看護職員を除く。以下同じ。）によるたんの吸引の実施について当面の措置として行うこともやむを得ないという考えを示した。その後の、「在宅におけるALS以外の療養患者・障害者に対するたんの吸引の取扱いについて」（平成17年３月24日医政発第0324006号）の通知では、ALS以外の在宅の療養患者・障害者に対するたんの吸引についても家族以外の者がたんの吸引を実施することは、当面のやむを得ない措置として容認された。たんの吸引は医行為であるとの前提に立ち、家族以外の者は、疾患・障害やたんの吸引に関する必要な知識を習得する必要があり、医師および看護職員との連携による適正なたんの吸引の実施が求められる。また現在、厚生労働省は特別養護老人ホームの介護職員に一定の条件の下でたんの吸引など一部の医行為を認めるための指針づくりに着手している。

5　組織（チーム）の一員として

　介護福祉士は日常生活のなかで利用者により近い存在であり、利用者が「できる能力」を生活の場で活用しているかどうか評価する立場でもある。具体的には、理学療法士が車椅子からベッドへの移乗方法を、作業療法士が食事をするときの自助具の使用方法を指導した場合、それらのことを生活のなかで継続的に行うことができるよう支援し、モニタリングする立場にある。利用者の生活の質向上をめざし、各専門職が具体的なプランを実践するが、その最終局面にかかわるのが介護福祉士である。他の専門職は介護者の観察力に期待している。介護者が得た情報はケアカンファレンスなどで共有しよりよい支援につなげていく。逆に介護福祉士は他の専門職がどのようなケアを実践し、目標を達成するために何に取り組んでいるのかを理解する必要がある。このように介護福祉士の立場はチームケアを実践するうえで重要な位置づけであり、自らの役割を認識しチームの一員として責任ある行動をとることが大切である。

●参考文献●

[第2節　介護実習・介護総合演習の概要]
・厚生労働省「介護福祉士養成課程における教育内容等の見直しについて（案）」2007年
・峰尾武巳・黒澤貞夫編著『介護福祉士養成テキスト13：介護総合演習－実習・演習をとおした学びの目標と課題』建帛社　2009年
・厚生労働省「社会福祉士及び介護福祉士法施行令一部を改正する政令等の関係政令及び社会福祉士及び介護福祉士法施行規則等の一部を改正する省令等の関係省令の制定について」(社援発第0328078号　平成20年3月28日)
・小池妙子「介護人材育成講座第55回　改訂教育課程」（まとめ）『地域ケアリング』vol.8　No 14　2006年　pp.70－73
・澤田信子「介護人材育成講座第58回　これからの介護を支える人材について」（その3）『地域ケアリング』vol.9　No 3　2007年　pp.74－78

[第3節　介護福祉士の専門性と倫理　3・4・5]
・福祉士養成講座編集委員会編『新版・介護福祉士養成講座13：介護技術Ⅱ第3版』中央法規出版　2006年
・福祉士養成講座編集委員会編『新・介護福祉士養成講座4：介護の基本Ⅱ』中央法規出版　2009年
・西村洋子編『最新介護福祉全書3：介護の基本』メヂカルフレンド社　2008年

第2章 介護実習・介護総合演習の基本

1 介護実習・介護総合演習の準備と留意点

1 介護実習・介護総合演習の準備

1）介護実習と介護総合演習の関係

　介護実習は、介護福祉士教育における講義学習や演習学習とともに、専門知識や技術を介護現場での体験学習を通し統合させていく貴重な学習の一つである。この介護実習と連動し、主に介護実習の事前学習と実習中学習、事後学習をくり返しながら行い、介護実習の学びを深める科目が介護総合演習である。

　介護総合演習は、介護実習がスムーズに行われるためだけの授業と考えるのではなく、学校で学んでいる他の教科と相互的に関連させるコーディネートの役割をもつ科目として位置づけることができる。そこには、介護福祉士としての自覚を促し、専門職として求められる資質や技能などを修得することが求められる。そのため、介護総合演習では介護実習と相互関係をもち、同時進行しながら卒業年度まで計画的に、各段階に分かれた複数におよぶ介護実習の事前準備と各段階の実習の反省と、ふり返りの学習を連続的に組み合わせ、個々の学生の学習到達状況に応じた総合的な学習を行う。

2）事前学習の内容と介護実習の準備

①自己目標の立案

　学生は介護実習の各段階ごとの意義と目的を理解することで、その段階の介護実習で自分は何を学ぶのか、そのためには、どのような姿勢で実習に取り組めばよいのかを整理しなければならない。つまり、介護実習目標の立案である。介護実習目標とは、学生自身が介護実習への期待や取り組みについて文章化し、介護実習の目的と意識を明確にすることである。

　そこで、介護実習の前に介護実習の目標レポートを学生は作成し、実施施設に提出することが望ましい。

②介護実習記録の書き方の理解

　介護実習記録は、介護実習目標に基づき組み立てられているため、記録を書くことで学生が自己の目標の達成度や介護実習のふり返りがその都度確認できる。

　介護実習記録としては、各段階で介護実習を効果的に学べるようにさまざまな記録物が準備されている。それぞれの介護実習に関する記録物の意義や書き方を理解しなければならない。

③カンファレンス

　カンファレンスとは、会議、相談や協議の意味である。ここで用いられるカンファレンスとは介護実習の目標や到達度の確認をする反省会の場を指してカンファレンスととらえたい。介護実習前、介護実習中、介護実習後にそれぞれカンファレンスが活用される。

　カンファレンスを行うにあたって、司会や記録などの役割や発言の仕方など実際の場面を想定してロールプレー学習をしておくことが望まれる。

④介護実習先の施設に関する理解

　介護実習先の施設に関して事前学習が必要である。つまり、どの様な介護ニーズをもった利用者がどの様な目的で利用している所なのかを知っておかなければならない。そのためには、実習施設の概要を整理して介護実習に望むことが大切である。介護実習施設の概要として、根拠法に基づく施設の種類や目的などを学生は必ず介護実習前に理解しておかなければならない。

⑤介護実習への交通手段、交通ルート、所要時間の確認

　介護実習施設への交通手段、交通ルート、所要時間を調べ、通学にかかわる所持要件を知っておく。介護実習施設までの通学用の定期券を購入する場合や自家用車等で通学する場合は学校の規則に従い所定の手続きを行う。

⑥介護実習のイメージ化と動機づけ

　はじめての介護実習では、介護現場での実習のイメージがわからない学生もいる。VTR学習や指導者からの具体的な事例を交えた講演、また上級生や卒業生などの先輩から経験談を聞くことは実習のイメージ化につながりやすい。

⑦実習生としてのマナー・心構え

　介護実習は利用者の生活の場に行くことに大きな特徴がある。よりよい人間関係が築けるように心がけ、介護実践においては実習指導者や職員の指導のもと利用者の人権を尊重し利用者の自立支援をめざしたい。

　また、介護実習中は学生としての立場を十分にわきまえた行動をとらなければならない。そこで、介護実習前に誓約書を作成することは、介護実習への意識づけとしての意義もある（資料1「誓約書」、p.35参照）。

⑧チームワークづくり

　介護実習において学生同士のグループによる学びの効果は大きい。よいチーム

ワークづくりをめざした関係づくりを図る。また、介護現場におけるチームワークの重要性についても理解したい。

⑨健康管理

介護実習は慣れない環境のもとで、普段とは違う学習形態で学ぶこととなる。介護者の健康状態は介護の質に影響を与えることを十分に認識し、学生は自分自身の健康管理を心がけなければならない。

⑩介護実習前の自主学習

介護実習は各段階ごとに、学内での講義の進展状況と連携されている。学生は履修済みの教科の復習や実習にかかわる基本的なことを再確認してから介護実習に臨みたい。

3）介護実習先への提出書類

①個人票

学生は介護実習先へ自分の名前・性別などのプロフィールを書面（実習生個人票）で提出する（資料2「実習生個人票」、p.36参照）。

②健康診断証明書

健康診断が必要な場合は、学校または介護実習先の指示に従って、事前に医療機関を受診し健康診断書の作成をする。

③誓約書

介護実習を行うにあたって、学生が実施施設の就業規則、諸規則を厳守し、また介護実習上知り得た利用者の情報等の秘密保持に努めるとのことを書面をもって約束することは学生として当然の行為である。

④自己目標・目標レポート

自己目標とは、学生自身が介護実習への取り組む目的を明記することである。また、その自己目標に向けてどのように介護実習に取り組むかを文章化する目標レポートがある。自己目標を整理することによって介護実習が学び多きものとなることは言うに及ばない。

4）事前訪問

事前に実習施設を訪問し、施設の概要や利用者の生活の様子や介護サービス内容、介護実習に関しての諸注意や必要な準備物などのオリエンテーションを受ける。

資料1　誓約書

誓　約　書

平成　　年　　月　　日

社会福祉法人〇〇会

特別養護老人ホーム□□苑

施設長　〇山〇夫　　　　様

〇〇〇〇　短期大学　介護福祉科

学籍番号　〇〇〇〇〇〇

実習生氏名　□□　□□　㊞

　私は、この度の貴施設での施設実習にあたり、貴施設の就業規則・諸規則ならびに守秘義務（実習上知り得た個人及びその家族の秘密に関する事項について、実習中、実習後において他に漏らさないこと）を遵守することを、ここに誓約いたします。

資料提供：土田耕司（川崎医療短期大学）

資料2　実習生個人票

実習施設名			
	（施設種別　　　　　　　　）		

実習生個人票

大学　介護福祉科

学籍番号		生年月日		顔写真
ふりがな 氏　名		昭和 ・ 平成　　年　月　日生		
現住所	〒　　　　　　TEL			
緊急連絡先	TEL			
施設までの 交通機関	（所要時間　　　分）			

自己紹介

長　所	
短　所	
健康状態	趣味
	特技
ボランティア 等の経験	
実習の記録	実習期間 / 実習施設 平成　年　月　日（ ） 　　～　月　日（ ） 平成　年　月　日（ ） 　　～　月　日（ ） 平成　年　月　日（ ） 　　～　月　日（ ）

資料提供：土田耕司（川崎医療短期大学）

> **ワーク2-1** あなたが事前訪問で知りたいことを箇条書きし、それをもとにグループで話し合ってみよう！

・
・
・
・
・

[学習ポイント]
- □ 実習施設の概要・利用者およびサービス内容…運営理念、利用者の状況、介護体制、年間・月間・週間行事等の確認
- □ 実習指導方針・指導体制…指導方針・指導体制、実習期間内のスケジュール、記録の提出方法等
- □ 学生各自の実習目標や課題、実習内容や実習方法の調整…指導方針・指導体制のなかでの学生個々の目標達成のための方法
- □ 実習時間の確認…開始時間、終了時間、カンファレンス時間、休憩時間等
- □ 実習に必要な持ち物…食事介助用および排泄介助用エプロン、入浴介助用着替え等
- □ 緊急時の連絡方法…電話番号と施設内での連絡先
- □ 通学用駐車場・更衣室・休憩室・学生用昼食の有無…学生用駐車スペース、更衣室、学生用の昼食提供の有無
- □ 交通手段・交通ルート・所要時間の確認…事前訪問することで鉄道やバスの路線名と降車駅や乗り換え方法および所要時間と費用、車の場合はルートと所要時間

> **ワーク2-2** 事前訪問日の予約をとるロールプレイをしてみよう！

① 学生・実習指導者・電話取り次ぎ者・観察者の役割を決め、以下の条件でロールプレイを行おう。

〈ロールプレイの条件〉

- ・実習先は特別養護老人ホーム○○荘です。
- ・指導者は3階介護主任の山田花子さんです。
- ・実習施設は学校から電車で約30分かかります。
- ・実習は○月○日（月）から始まります。
- ・月曜日の15時からと金曜日の午後・土曜日は授業がありません。
- ・グループメンバーは4人ですが、1人は学校の近くのコンビニで金・土曜日の18時からアルバイトをしています。

[学習ポイント]
①電話をかける前
　□　施設名と指導者の名前を間違えないように確認しましたか
　□　訪問日は実習開始約1週間前に設定しましたか
　□　グループ間で日時を調整してから電話をかけましたか
　□　施設までの所要時間を考慮して時間を決めましたか
　□　電話の横にメモ帳を用意しましたか
②施設に電話をかけたとき（電話取り次ぎ者に対して）
　□　施設名の確認をしましたか
　□　自分の学校名、学年、名前を名乗りましたか
　□　用件と電話を取り次いでほしい相手の名前をはっきりと伝えられましたか
③指導者が電話に出られたとき
　□　自己紹介をし、指導者本人であることを確認しましたか
　□　指導者は今電話応対が可能な状況であるか確認しましたか
　□　用件をはっきりわかりやすく伝えることができましたか
　□　相手の都合と学生側の都合を照合し日時を調整できましたか
　□　訪問に伴う他の確認（提出物・駐車場の有無・持ち物等）はできましたか
　□　大切なことは復唱して確認しましたか
　□　全体を通し丁寧な言葉遣いや正しい敬語が使えましたか
　□　終わりの挨拶やお礼の言葉が言えましたか
　□　受話器は静かに置きましたか

②　ロールプレイから学んだことを書いてみよう。

2　介護実習・介護総合演習の留意点

1）介護実習の事前学習

　介護実習は限られた期間に、介護現場の空気を肌で感じ、体験的に学び、学内で学んできた理論を実践に結びつけ、整理し再構築する機会であり、段階的に介護実習をすすめ、それぞれの各段階に応じた課題をもち、それらについて意識的に取り組んでいくことによって有意義な介護実習が期待できる。

　したがって、事前学習においては、学生一人ひとりが介護実習に向けた実習の意義と目的を明確にし、具体的な自己の課題を設定し介護実習に向かう姿勢を確立していかなければならない。

　さらに、介護実習の事前学習として、「2）事前学習の内容と介護実習の準備」（p.32）であげた事項について理解し学習をしておく必要がある。

2）介護実習の実習中学習

　介護実習中においては、実習指導者による指導、教員からの巡回指導、帰校日（学内学習）指導がある。いずれも学生の介護実習の目標に対しての達成度について確認し、スーパービジョン[*1]を受ける。学生は自己の学習状況のふり返りと、その後の介護実習に取り組む課題を明確にする。

①実習指導者の役割

　介護福祉の現場において、学生は習得した専門知識や技術を実際に活用し、かつ応用する能力を養うことができるように指導を受ける。実習指導者は介護実習の各段階ごとに介護実習の意義や内容、さらに学生個々の目標を施設職員に周知し、施設全体で一貫した指導方法が展開できるように施設内の指導体制を整える。

②効果的な指導の受け方

　学生は指導を受ける時は、自己の実習状況をふり返り、戸惑いを感じ、悩んでいること、疑問に感じていること、また目標を達成するための課題などについて助言や指導を受ける。

　また、記録を通して行ってきた介護への実践や考え方は適切であったかなどの指導を受ける。自分の判断や価値観に固執するのではなく、柔軟な姿勢をもって幅広く知識や技術を習得するように心がけたい。

3）介護実習の巡回指導

　介護実習中に教員が実習先施設を訪問し、学生への指導を行う。

①巡回指導の役割

　学生は介護実習の状況を把握してもらい、実習が円滑に、かつ効果的に継続で

---

*1　スーパービジョン（Supervision）
　スーパーバイザー（指導的立場の熟練スタッフ）が、スーパーバイジー（社会福祉や保健・医療の機関、施設、地域福祉の諸活動などの実践現場において働く職員やまたそれらを学ぶ学生など）に対して、その専門性や能力を発揮してよりよい実践活動ができるように指導や援助を行うことをいう。スーパービジョンの機能として、管理的機能・教育的機能・支持的機能の3つがあげられる。

きるように指導を受ける。具体的には、学生個々が実習からもちえた課題を解決に導けるように指導を受けることである。

さらに、実習のメンバー間の良好な関係づくり、効果的なグループ学習が実践できるようグループ・スーパービジョンを行う。教員は、実習指導者と協力し、実習指導体制を整える。

②効果的な巡回指導の受け方

学生は実習の進展状況やグループ全体の様子を教員に報告することとともに、個別のスーパービジョンと、グループでのグループ・スーパービジョンを受けることで学びを深め実習の効果を高める。また、実習中の個人的な悩みや不安・ストレスは個別指導を受けることで解決の糸口へとつながっていく。

長期の実習期間では巡回指導時に中間反省会を設定し、介護実習に対する取り組みをふり返る。

4）帰校日指導

学内において定期的な指導時間を確保することは、学生が最後まで充実感をもって効果的に介護実習が取り組めるために必要である。帰校日指導は、個別指導、記録などの整理を通し、より客観的に自己を見つめ直す機会となる。

また、グループワークを取り入れて他の学生との情報の交換や、実習中の学びや疑問を共有し学習の効果を高める。

5）介護実習の事後学習

介護実習が終了したら事後学習を行う。この事後学習とは、単なるふり返りの学習ではなく、介護実習という体験を経験として整理し、まとめることで学生が自己の力として身につける学習である。

事後学習として以下のことを行う。

①介護実習記録の手直しの機会をもつ。
②反省会の場をもつ。反省会としては、学生と教員が個別に行う場合と、グループに分かれてグループ別で行うことにより、より効果が得られる。
③実習の報告会を開く。事後学習として、実習の成果を発表する場をもつ。介護実習での学びを発表することによって、経験した学習を体験から、さらには自己の学力とすることができる。
④実習を終えてのレポートを書く。単なる介護実習の感想文ではなく文章に書くことによって、自分の学びと、今後の課題を書き留めておくことは有効な学習手段であり、介護実習の自己評価としての役割をもつ。
⑤介護実習でお世話になった施設の利用者や実習指導者、施設の職員にお礼状を書きたい。感謝の気持ちをしたためたお礼のはがきか手紙を書く。

2 記録・報告の仕方

1 実習における記録の重要性

　学生が実習前・実習中・実習後各々の時期に実習の目的、目標に沿った記録と報告をすることは実習を意欲的・積極的に実践するとともに実習の成果を確認するうえで重要なことである。さらに、記録を自己の行動、実践の証拠として残すことは、基本的な責任や義務を果たすという姿勢を養ううえにおいても大切である。

　1日の目標および行動計画を立てて実習に取り組み、実践した内容を具体的に、あるいは観察した内容を客観的に記録することにより、深い観察力や洞察力が養われる。記録はまた、実習指導者の指導、助言の資料ともなるが、自己をふり返り、今後の自分自身の学習や、課題を見出すことにもつながる。実践にいかせる記録をめざすためにも、それぞれの記録がもつ意味を理解したうえで実習に臨むことが大切である。

　以上のことをふまえ、記録の意義について次に整理してみた。

①実習の各段階において、自己の到達目標に沿って日々の実習目標・行動計画を立て実習を行うことで、具体的な行動の計画性を養い、実習の効果を高めることができる。

②実践したことを具体的かつ正確に記録していくための観察力が培われる。

③日々実践した実習内容を整理し、まとめ、記録することにより、自己の行動を客観的にふり返り、その行動に対する洞察力を養い、生活支援技術を高める機会になる。

④実習指導者から指導・助言を受けたり、後日の学習や実習にいかすためには誰にも理解できるような書き方が必要であり、他者からの評価を受ける資料となることを意識し、適切な表現能力や責任感を養う。

⑤実習全体の目標が達成されたかどうか、学生のみならず、指導教員においても実習の成果を確認し、次の課題を明確にする資料となる。

2 記録の保管

　2003（平成15）年に施行された「個人情報の保護に関する法律」により、特定の個人を識別できる情報については、今まで以上に適正な取り扱いが求められている。利用者のケースカンファレンスでコピーした記録などは、実習終了後は回収し、シュレッダーにかけるなど適切な処理をする。また、記録の保管については責任ある管理がなされる必要がある。

3 記録の種類

主に介護実習で使われる各種記録の種類と書式について紹介する。

①実習施設の概要（概況）

実習を行う施設について理解をするためのもので、施設の種類（関係法令）、沿革・方針・理念といった施設の中核をなす考え方、利用者の構成、職員に関する事項、建物の規模・構造、地域環境等を記入する。事前訪問時（あるいは実習初日）に把握することにより実習環境の全体がイメージでき、施設の役割を理解する基礎資料となり効果的である（p.43参照）。

②実習日誌

実習日誌はその日の実習目標・具体的な行動計画・実践内容さらに実施した結果に沿ってふり返りや反省、感想などを記録する。

書式については実習内容を経時的に記録していくもの、実施の内容で特に重要な内容に絞って実施したことを記録するもの、実習中に口頭で受けた質問内容や実習指導者からの助言を記録する欄をもうけ、次の実践にいかせるように工夫されたものなどがある（p.44参照）。

③個別介護計画記録

個別の利用者について介護過程の展開を記録するものであり、実習における実践の証拠となり、成果を評価する大切な資料となるものである。

④経験項目チェック表

経験した実技項目について記録するもので、実習中において実施した内容が確認でき、習熟度を判断し以後の課題を見出すために活用する記録である（p.45参照）。

例えば経験項目表の「見学」とは施設の職員等が実施したものを見学したとき、「介助」とは施設の職員の助けや指導をうけて学生自身が行ったとき、「実施」とは職員や実習指導者の許可を得て見守ってもらい学生が直接に行うことを意味する。

⑤カンファレンス実施記録

実習中の一定時期に（1回／週）学生自身が個別に達成状況をふり返り、次週の実習課題の明確化を図るため、実習指導者、学生、教員相互が討議・助言し合うための資料として活用する。

⑥その他

・訪問介護実習記録など

実習施設の概要（概況）

施設名	○　○　苑	施設長名	
所在地 （住所）	交通（　　　　～施設）利用交通機関（　　　）交通費（　　　　）			
施設の種類	社会福祉法人 ○○○ （特別養護老人ホーム・ 障害者支援施設）	関係 法令		実習指導 責任者 (職位や職種)	
施設の沿革と方針	＜沿革＞ ＜理念＞ ＜基本方針＞			
建物の規模・構造	敷地面積　　　　　㎡ 建物面積　　　　　㎡ 鉄筋／木造　　　階建 その他の設備 　　居室、事務室、相談室、調理室、機能回復訓練室……等			
職員の構成	職員数（　　　名）				

	名　称	人数	名　称	人数
職員構成	施設長		相談指導員	
	医師		リハビリ担当職員（PT・OT）	
	看護師		介護福祉士	
	栄養士		事務職員	

利用者の構成
　定員　　　人
　性別（男性　　　人・女性　　　人）　　　年齢別　　　　　　　（平均年齢　　　歳）
　要介護度（平均）

地域環境・特徴
・自然に囲まれた環境は四季折々の変化を感じとることができ……

・地域との交流について……

・利用者の生活環境について……

実習日誌（例）

検印	施設長		責任者	責任者	実習担当者

月　　日　（　　）	天候	実習生氏名

目標	

時刻	実習項目	実習内容（行った実習内容）	考察（結果に基づく反省・取り組み）
6	時系列に記入する	〈　　　〉← 実施した項目名を記載する ○○○	・車いすを置く位置に関して、今までは向きを大きくしすぎて回転が大きくなってしまったり、小さくしすぎてフットレストが健側の足にあたって足を軸に上手く立つことができなかったりと失敗してきた。今回は注意して位置を決めたので上手くできた。同じ車いすからベッドへといった移乗でも、人によって違う点があると思うので、ご利用者さんの状態をよく理解した上で対応できるようになりたい。 ・S氏は体重も軽い方だったので、ゆっくり腰を下ろすことができたが、重い人の場合はできるかどうか不安である。 考察は感想ではありません。実施したことだけでなく、自分が実施した内容をふり返り、そのときの利用者の反応や、その反応から気がついたこと、考えたことを記入し、反省点や今後の取り組みを明らかにする。
7		← 2～3行程度で、介護援助を行った利用者のADL（簡潔に）や状況説明を記載する	
8		①	
9	申し送り 環境整備	② ← 箇条書きに内容を記載する	
10	シーツ交換	③	
11	食事準備	〈移乗介助〉	
12	食事介助 口腔ケア	・職員指導のもとS氏の移乗を行った。 ・S氏は左片麻痺で、右手で掴まることはできる為、一部介助である。	
1	休憩	①まず、ベッドに対してS氏の車いすを健側に斜め30度の向きに置き、ブレーキの確認を行った。	
2	飲水介助 排泄介助	②次に「足を降ろしますね。」と声かけを行い、足を持ち上げつつフットレストを上げて足を降ろした。	
3	移乗介助 コミュニケーション	③S氏に上体を前傾にしてもらい（していただき）、S氏の足底を床につけ、私の右足をS氏の足と足の間に入れた。	
4	食事準備 食事介助	④健側の右手で私の背中の衣類を掴んでもらい、私は右手で背中を、左手で腰を支えて「いち、にの、さん」と声かけをし、健側の足を軸にして体を回転させ、腰をゆっくりと・・・	
5	口腔ケア		
6			
7			

経験項目チェック表

	項　目	日　付	見学	介助	実施
環境	環境調整（換気、温度等）				
	居室の整理、整頓、清掃				
	ベッドメーキング				
	シーツ交換（利用者が臥床）				
	シーツ交換（利用者がいないとき）				
	誘導（見守り・手引き含む）				
	外出時の付き添い				
着脱	衣服（寝衣）の着脱介助				
入浴	入浴（一般浴）				
	機械浴				
	シャワー浴				
	手浴				
	足浴				
清潔	爪切り				
	ひげ剃り				
	耳、目の清潔				
	歯みがき				
	義歯の洗浄				
	口腔清拭				
	洗髪・整髪				
	整容（身だしなみ）				
	陰部清拭				
食事	配膳・下膳の介助				
	食事摂取時の準備				
	食事介助（全部）				
	食事介助（一部・見守り）				
	水分補給				
	トロミの介助				
	摂取量の観察				
排泄	おむつの交換				
	尿器介助				
	便器介助				
	便・尿器の洗浄				
	ポータブル便器介助				
	摘便				
	トイレ誘導（手引き介助含む）				
	排泄物の観察（報告含む）				
	浣腸				
安楽	体位変換				
	安楽な体位・姿勢の工夫				
	冷あん法（氷枕・アイスノン）				
	温あん法（湯タンポ・ホットパック）				

指導者確認印
教　務　印

	項　目	日　付	見学	介助	実施
移動	ストレッチャー				
	車いす				
	歩行補助用具（歩行器等）				
	杖				
移乗	ストレッチャー				
	車いす				
	リフト使用介助				
機能訓練	リハビリ体操				
	歩行訓練の介助				
	下肢装具の着脱				
	自動運動				
	他動運動				
	言語訓練				
バイタルサイン	体温測定				
	脈拍測定				
	呼吸測定				
	血圧測定				
	意識状態				
与薬介助	内服薬				
	点眼				
	坐薬				
	塗布（軟膏除く）				
	貼付薬				
	受診・検査時の介助				
	吸入				
	経管栄養				
応急手当	誤嚥時の手当て				
	止血				
	吸引				
	骨折				
	三角巾の使用				
終末	終末時のケア				
	死後のケア（処置）				
	後始末				

指導者確認印
教　務　印

	項　目	日　付	見学	介助	実施
他職種との連携	医師・歯科医師				
	看護師				
	リハビリスタッフ				
	相談指導員				
	栄養士				
	事務職員				
	チームカンファレンス				
夜間実習	安眠への援助				
	巡回				
	事故防止（居室環境・物品配置）				
	徘徊行動への対応				
	起床時の対応				
	緊急時の対応（連絡・報告）				
	不眠時の対応				
その他	レクリエーション				
	行事への参加				
	クラブ活動参加への介助				
	防災訓練				
	散歩の介助				
	買い物の付き添い				
	感染予防				

	項　目	日　付	見学	介助	実施
	デイサービス				
	地域包括支援センター				
	デイケア				
	感染予防				

	項　目	日　付	見学	介助	実施
生活援助	掃除				
	洗濯				
	買い物				
	調理				
	散歩				
身体介護	入浴介助（一部）				
	清拭				
	爪切り				
	ひげ剃り				
	衣服の着脱				
	通院介助				
	食事介助				
	排泄介助				
	薬の管理				

指導者確認印
教　務　印

4　記録を記入するうえでの留意事項

　　ここでは各種の記録をするうえでの一般的な留意事項について記載する。
①それぞれの記録の目的を理解し、指示された書式に沿って記入する。
②記録は原則として黒のボールペンを使用し鉛筆は用いない。
③文字はできるだけ丁寧に書き、誤字・脱字がないように努め、誰が見てもわかりやすい表現で記入する。
④専門用語をできるだけ使用し、正確に記録する。
⑤間違えた場合は二本線で訂正を行い（訂正印の傍らに訂正内容を加筆する）修正液などは使用しない。
⑥記録内容は５Ｗ１Ｈ[*2]に沿って正確に記録する。
⑦利用者の氏名は特定された個人情報であるため、イニシャルや伏せ字（○屋○子氏）などを用いて記入する。
⑧よりよい記録となるために以下のことを念頭に入れ簡潔明瞭に記録する。
　・観察した内容（見たこと、聞いたことなど）については事実に基づいて客観的に記録する。
　・利用者や自己の行動は状態や対応を含め具体的に記録する。
　・必要に応じて数値を記入したり、図式化して記入してもよい。
　・実践上での質問や、返答も誰が、どの様に返答したかを含め記録をする。
　・特にカタカナ用語（ケアワーカー、ケアプラン等）や、略語の使用について施設の指導者と確認のうえ統一して使用するようにしたい。
　・記録は書き終えたら必ず読み返し、再点検、誤字、脱字などを確認をする。
　・迅速で正確な記録をするためには、普段からメモを取ることを心がける。

> *2　5W1H
> いつ（When）時間
> どこで（Where）場所
> だれが（Who）人
> 何を（What）目的
> なぜ（Why）理由、原因
> どのように（How）状態、訴え、結果など

ワーク２－３　実習の記録を記入するうえで誰が読んでもわかりやすい内容で書くための５Ｗ１Ｈについて具体的に説明してみよう！

①When…いつ（日付け、時間）
②W
③W
④W
⑤W
H

5 報告

　実践した介護について正しく、適切に報告ができることは利用者の状況把握や実践の評価から問題や課題を見出し解決していく手がかりとなり、利用者の安全性の確保やケアの優先度を明確にしていくうえにおいても重要なことである。また、ケアチームや多職種との連携が欠かせない介護福祉士は、日頃より「ほう（報告）、れん（連絡）、そう（相談）」を常に心がけ、実践・習慣化することが大切である。

　以下に報告の仕方のポイントをまとめた。

①事実を正確に
　まず結論からその後具体的に、内容はあくまでも事実に基づき正確に。事実と自分の意見は区別して話す。

②簡潔明瞭に
　報告内容の要点をまとめる。メモにして要領よく報告する。わかりやすい言葉でハッキリと。

③確認をする
　報告内容が相手にきちんと伝わったかを確認することも大切。復唱をして内容の確認をしてみる。

④緊急時はあわてずに
　利用者の急変時、事故に遭遇したときはあわてず、まず適切な人（身近な職員）や実習指導者に報告をする。

⑤場所を考える
　報告内容によっては個人のプライバシーや、周囲に影響を与えることもあるため、報告する場所が適当か判断し報告をする。

3 実習の心構え

　介護実習は利用者の生活の場で行う実践的体験学習である。言葉づかい、服装、マナーはよりよい実習のための基本であると同時に、社会人としての初歩的エチケットであるともいえる。職業人としての礼儀や定められたルールを守り、専門職としての土台を築いてほしい。

1　言葉づかい・身だしなみ

1）挨　拶

①挨拶は人間関係を良好にする基本的行為であることを心にとめ、自分から積極的に実習先の職員や利用者、施設内の訪問者など誰にでも元気よく挨拶することが大切である。
②「はい」という返事と、実習始めに「おねがいします」、実習終了時に「ありがとうございました」、また「おはようございます」「お先に失礼致します」などの挨拶をきちんとする。
③実習の終了時には、施設長をはじめ、事務長、介護長、看護師長、実習指導者等施設職員や利用者に対してお礼を述べ、挨拶をする。

2）敬語のつかい方

敬語とは、相手の立場を理解すると自然と出てくるものである。形式的な問題だけではなく、相手を尊重する気持ち、配慮の姿勢、言葉のセンスによって初めて敬語が正しくつかえる。

敬語の種類には「尊敬語」「謙譲語」「丁寧語」[*3]がある。基本型を知ったうえで、その場その場に合ったつかい方をわきまえる。

(例)　言う→おっしゃいます　知っている→ご存知である
　　　案内する→ご案内いたします　会う→お会いする、お目にかかる
　　　である→です、ます、ございます　あっち→あちら
　　　どうしたの→いかがなさいましたか

> *3　敬語の種類
> 尊敬語：相手や話題の人への敬意的配慮を表わす敬語。
> 謙譲語：相手に対して自分や下位者の謙遜の気持ちを表わす敬語（「拝見する」など）。
> 丁寧語：話し手が専ら聞き手への敬意的配慮を表わす敬語（「です、ます」など）。

3）服装・身だしなみ

言葉づかいが丁寧で、態度や動作が機敏であっても、服装・身だしなみが介護者としてふさわしいものでないと、利用者の安全や利用者・家族からの信頼を得ることができない。介護者としてふさわしい服装と身だしなみには、次のことがあげられる。
①衣服は動きやすく清潔を保ち、定期的に洗濯をしておく。
②時計や指輪、ペンダント、イヤリング、ブローチなどの装飾品は利用者を傷つけることがあるので身につけない。
③頭髪は乱れないように長髪等は小さくまとめ、前髪は目がかくれないようにする。派手な色に染めない。
④爪は常に短く切り、利用者を傷つけないために角がないようにしておく。
⑤厚化粧、マニキュアはしない。

⑥履物は動きやすく滑らないものとし、常に清潔にしておく。

⑦廊下は決して走らない。また、足音を立てないように静かに歩く。

⑧実習中は名札をつける（安全ピンは利用者が危害を被ることがあるため、実習衣に縫いつける。施設の指示があれば、それに従う）。

ワーク2－4　敬語・身だしなみをチェックしよう！

① 敬語のチェック　正しい応対用語トレーニング

誤った表現	正しい表現
どうしたの？	
こっちに来てください	
何か用？	
元気だね	
住所を書いて	
用はすんだ？	
ちょっと待ってね	
ご飯、おいしい？	
早くしてね	
電話かけてね	

② 身だしなみチェック

身だしなみ	チェック	身だしなみ	チェック
髪型		ユニフォーム	
髪の色		化粧	
前髪		靴	
装飾品		爪	

2　実習中の態度・マナー

1）実習全体に関しての留意点

①出席に関すること

・実習時間は厳守すること。実習開始時間の10分前には着替えを済ませ、すぐ

に実習に臨める態勢にしていること。
・実習中は毎日印鑑を持参し、施設に着いたら、出席簿に押印する。
・病気、その他の理由でやむを得ず欠席、または遅刻した場合は、施設および学校に必ず連絡すること。病気で欠席した場合は、医師の診断書の提出を求められることがある。
・やむを得ず早退しなければならないときは、事前に理由を告げて実習指導者の許可を得る。また、学校にも報告する。

②実習中はメモ用具を携帯し、必要事項はメモをとる。また、メモ帳はポケットに入れ、両手は常に自由にしておく。
③学生用に使用した休憩室は、毎日清掃すること。
④車で通う場合は許可を受けて、指定された場所に駐車する。

2）利用者への応対

①利用者のプライバシーを守り、尊重する。利用者から知り得た秘密は、みだりに口外しない。生活歴や家族関係などどうしても深く立ち入らなければならないような場合は、あらかじめ実習指導者からそれらの情報を収集しておき、利用者の心情をむやみに傷つけることのないように配慮する。
②どの利用者に対しても公平を心がけ失礼のないように、言葉づかい、態度に気をつけ常に笑顔で接する。名前を呼ぶときは原則として名字を呼ぶ。
③外出の付き添いや買い物など利用者から依頼されたことは、自己判断せずに、必ず実習指導者または担当職員に相談する。
④自分が守れない約束は軽々しくしない。学生の電話番号や住所等はみだりに教えない。また、金品は絶対に受け取らない。ただし、対応に苦慮する場合は実習指導者に相談する。
⑤利用者に不慮の事故を負わせてしまった場合は、直ちに実習指導者に報告し、指示を受ける。また速やかに学校にも連絡をする。
⑥貴重品は各自の責任で管理し、ロッカー等貸与された場合は必ず施錠する。
⑦介護しながら利用者の前で私語をかわさない。

3）施設職員および実習指導者との関係

①施設職員に対しては、自分からすすんで挨拶する。言葉づかいに注意し、はっきりとした明るい態度で接する。
②施設の目的や目標をよく理解しておく。運営方針を理解し、組織の秩序を乱さないようにすること。その施設の特色や歴史などの概要をあらかじめ理解しておくこと。
③職員から依頼されたことは、責任をもって遂行すること。「自信がない」「不安

がある」ときはすすんで質問、相談する。依頼されたことが完了したときは、その旨を必ず報告する。
④施設の物品を使った場合は必ず元の状態にして所定の位置に戻し、担当者に報告する。
⑤施設の設備、備品などを破損した場合は、速やかに報告し指示を受けること。また、学校にも速やかに報告する。

4）学生の態度

①実習中は学生同士の私語は慎み、愛称で呼びあわない。
②学生だけで行動をしたり、問題を解決しない。
③積極的に施設の職員集団にとけこむよう努力し、集団のなかの人間関係づくりを学ぶことも大切なことである。
④施設内では、携帯電話の電源は切っておく。
⑤貴重品は、指定されたロッカー等にきちんと管理すること。
⑥気分転換を上手に図ること。利用者とのかかわりがうまくとれなかったりすると、気が滅入って眠れなくなったりする例がある。済んだことはくよくよせずに、次回は前向きに取り組めるように気持ちを切り替える。
⑦実習中気分が悪くなるなど健康を害したときは、速やかに実習指導者に報告し、指示に従うこと。
⑧ケアの前後は手洗いを励行し、感染予防に心がける。

5）宿泊実習時の諸注意

①宿舎での時間は私的時間であるが、節度ある服装や行動を心がける。
②施設内で宿泊する場合、実習時間外にみだりに利用者を訪問しない。
③外出、外泊はあらかじめ許可を受け、行先・帰宅時間は報告する。
④外泊で食事を止めるときは、施設の指示に従い届け出る。
⑤戸締り、火の元には十分注意し、事故のないようにする。
⑥宿舎の清掃は毎日行い、常に整理整頓に心がける。
⑦宿泊実習終了時は、使用した設備、物品を元の状態に戻し、点検を受け、鍵を返却して退出する。
⑧実習記録に必要と思われるもの、洗面用具、洗剤、常備薬は必ず持参する。
⑨宿泊施設へ荷物を送ることはしない。

3　実習終了時の態度・マナー

①実習中に借用した部屋、物品は掃除をして元の位置に戻す。

②施設には、各自実習終了後1週間以内にお礼状を出す。
③実習後の利用者との個人的交流に関しては、実習指導者に相談し、責任をもって対応する。

4 健康管理

　健康管理は、狭義には健康を保持・増進し、健康を侵すような疾病にかからないようにすることである。実習は慣れない環境と決められた期間で実施するため、実習前からの健康管理が必要となる。また、実習は5日間から数週間を要し、学生によっては体調を崩す者もおり、具体的な健康管理に取り組むことが重要となる。
　ここでは介護実践において、主要な感染症を取り上げる。最初に感染症の全般について学習し、次に介護者として知っておかなければならないインフルエンザ（季節性、新型）、MRSA、肝炎、疥癬、ノロウイルスなどの施設内感染について学ぶ。最後に、介護実践によって引き起こされる腰痛、心身に影響を及ぼすストレスについて考えていくこととする。いずれも実習するにあたり知っておかなければならない健康管理である。

1　感染と感染症

　感染とはウイルスや細菌などの病原体が人（宿主）の体内に侵入し、臓器や組織のなかで発育・増殖することである。その結果として体内では病原体を排除しようと発熱や痛みなどの症状が現れる。このことを感染症という。
　感染症を成立させるためには3つの要因（感染源、感染経路、宿主）があり、感染症を引き起こすかどうかは、病原体の量や感染力および宿主の体の抵抗力との兼ね合いが複雑に関係している。
①感染症の予防方法（感染症すべての共通事項）
　▶感染経路を遮断する方法
　　人と人とが接触することにより感染することを接触感染という。この感染経路による感染症の頻度は高いため、経路を遮断することが最も重要となる。予防方法には、手洗いの励行があげられる。
　　手洗いの仕方：流水と石鹸による手洗いを30〜60秒間行うことが有効。
　▶宿主の抵抗力・免疫力をつける方法
　　日常的な注意として、規則正しい生活を心がけ、疲れを残さないことと予防接種を受けることである。予防接種をしていれば発症することはほとんどなく、発症しても軽度ですむ場合が多い。

▶感染症を発症している人の早期発見・早期対応による方法
②発症時の対応

実習指導者および学校の教員に相談・報告をするとともに、早期に医療機関へ受診することが望ましい。

2　主要な感染症と予防の方法

1）季節性インフルエンザ・新型インフルエンザ

インフルエンザは、わが国では冬（11月下旬から12月上旬）に発症し、翌年の3月頃まで罹患者が増加する。周期的に猛威を振るう原因として、感染力が非常に強いことがある。特にA型インフルエンザは、数年から数十年ごとに世界的に大流行がみられる。広く伝播した原因に、インフルエンザの菌の形態がその年によって変化することがある。

今般、メキシコや米国等で確認された新しいインフルエンザ（H1N1）は季節性インフルエンザと菌の抗原が大きく異なるため、ほとんどの人が免疫を獲得していない。そのため、通常のインフルエンザに比べると感染が拡大しやすく、多くの人が感染することが考えられている。感染経路は飛沫感染と接触感染である。

症状は季節性、新型インフルエンザともに突然の高熱（38.0℃以上）、咳、頭痛等で症状は類似している。

新型インフルエンザは季節性インフルエンザと同様に感染力が強いものの、多くが回復しているとされている。ただし、免疫力がないことから、特に高齢者、20歳未満の者や乳幼児、基礎疾患がある人には、慎重に対応することが求められている。いずれにせよ現時点では、新型インフルエンザのウイルス感染力やウイルスがもたらす病原性などについて未解明な部分があるため、早期対応が必要である。

①**予防方法**

▶**手洗い・うがいの励行による方法**

病原体が施設内にもち込まれる可能性が高いためマスクを着用し、うがい・手洗いの励行が大切である。マスクはガーゼではなく不織布の方がウイルス対策には効果的である。

▶**病原体を発育させない環境づくりによる方法**

インフルエンザウイルスは低温・低湿度を好むため、部屋の温度は22℃前後、湿度は60％前後に保つ。また、日中は時間を決めて換気を行う。複数の人が触る場所は適宜拭き掃除を行う。

▶**予防接種による方法**

高齢者はもとより実習生や介護に携わる人は病原菌をもち込み高齢者に感染

させてしまう可能性が非常に高い。介護にかかわっている者は、毎年予防接種をすることが有効な予防方法となる。しかし、予防接種をすればインフルエンザに絶対にかからないというものではない。予防接種は、例えインフルエンザにかかったとしても重症化させないための予防でもある。新型インフルエンザワクチンは国と委託契約した医療機関で接種が可能であり、また、接種スケジュールは各都道府県が接種状況をふまえて設定することとしている[*4]。

> *4 医療機関の所在地・接種スケジュール
> 都道府県および市町村のホームページ等において所在地や対象者、接種スケジュールを確認することができる。

▶インフルエンザワクチン

ワクチンの予防効果が期待できるのは接種後2週間から5か月程度と考えられており、11月中旬から下旬ころまでには接種を終えておくとより効果的といえる。なお、新型インフルエンザも同程度と考えられる。

発赤、腫れ、痛みなどの接種部の炎症反応、発熱、全身倦怠感が副反応としてみられるが、ワクチン接種後長くとも2日以内に改善する。ただし、この反応は高齢者では少ない。今回の新型インフルエンザワクチンも同様の副反応が予想されている。接種した副反応については、報告に基づいて順次公表される。

②発症時の対応

発症すれば突然の咳・たん、38度以上の発熱を伴い、全身症状が顕著に現れる。咳などの症状のある人は周囲の人にうつさないためにも咳エチケット[*5]の対応が求められる。

> *5 咳エチケット
> ●咳・くしゃみの際は、ティッシュ等で口と鼻を押さえ、他の人から顔をそむけ、1m以上離れる。
> ●鼻汁・たんなどを含んだティッシュはすぐに蓋付きの廃棄物箱に捨てる。

流行期においては、普通のかぜとは症状が明らかに違うため、発症を伴った場合はすぐ受診することが大切である。高齢者の場合は、症状が乏しいが呼吸数の増加がみられ、肺炎の併発を伴い、急速に重症化するおそれがあるため、介護従事者は利用者の日々の観察を十分に行うことが重要である。

学校保健法では出席停止、臨時休講などの規則が定められている。実習中にインフルエンザに罹患した学生は、施設・学校に報告するとともに学校保健法に準じた対応がとられることとなる。

2）MRSA

MRSAとは、多くの抗生物質に耐性をもつ多剤耐性黄色ブドウ球菌のことである。従来、院内感染として代表的な感染症がMRSAであり、保菌者に対して医療従事者は過敏な程に反応し厳重な対応をしていた。

MRSAは黄色ブドウ球菌と同じく、一過性の常在菌で鼻の粘膜、咽頭の粘膜・皮膚などに付着する。菌量は少なく、長く定着することなく消えていく。また、MRSAは通常の抵抗力があれば、重い感染症になることはまれであるが、抵抗力の弱い人（高齢者、患者、新生児）に対し攻撃するという特徴をもっている。

①予防方法

高齢者施設におけるMRSAの一般的な対応は、手洗いの励行、清潔な環境の維

持である。

②発症時の対応

MRSAは、介護従事者の鼻の粘膜から数％ほどみつかる場合がある。これは保菌状態といい、感染症として発症はしていないため、原則として治療の必要性がないとされている。特に高齢者では、慢性的に保菌し、消滅しないこともよくある。現在では保菌者に対して抗生物質の投与や隔離、除菌を行う必要性はないとされている。むしろ、従事者が過剰な反応を示すことで、入所者の不快感、不安感をあおることは避けなければならない。

▶保菌者となったときの対応
- 衣類、リネン類は通常の洗濯で十分。ただし、衣類の仕分けなどによって埃が立たないようにする。
- 入浴についての制限はなく、浴槽の洗浄も浴槽洗剤で十分である。
- 褥瘡の処置をする場合は、手袋を使用し処置にあたる。また、浸出液が出ている人の介助にあたる場合は、事前にエプロンの着用が望ましい。汚染された実習衣やエプロンは取り替える。

3）肝炎（B型肝炎感染症）

ウイルス性肝炎のうち、B型・C型肝炎は血液を介し感染するウイルスである。肝がんなどへの移行が懸念されるものを持続感染の状態といい、「キャリア」とよばれている。しかし、B型肝炎ウイルスのキャリアの約9割が明らかな症状が出現することなく、また治療を必要とせず一生を終えるとされている。一方、C型肝炎ウイルスはその多くが慢性肝炎の症状を呈し、一部は肝硬変、肝がんに進行する。

高齢者福祉施設において、感染している血液と接触する可能性は非常に低いが、感染者の血液に触れる場合の手袋使用を忘れてはならない。

①予防方法
- 感染している血液と接触する可能性のあるときは手袋を着用する（鼻出血などの出血があったとき、素手で手当てすることは避ける）。
- 感染者でインシュリンを自己注射している場合、使用後の注射は他人が触れたりしないように、安全な処理をする。
- ワクチンの接種（施設によってはワクチン接種を義務づけている場合がある）。

②発症時の対応
- 針刺し事故などがあった場合は、流水による洗浄と消毒を行う。また、すぐに傷口の血液をしぼり出し、流水で洗い流し消毒する。
- 早期に受診し、治療をする。
- 実習中の場合、まず実習指導者に連絡し対応を待ち、早急な処置を行う。次に学校に連絡する。

4）疥　癬

疥癬には、ヒゼンダニとノルウェー疥癬による感染がある。どちらも人の皮膚に寄生して起こる皮膚感染症の一つである。ノルウェー疥癬は重症化するため厳重な対応が必要である。ここではヒゼンダニによる疥癬感染について学ぶことにする。

ヒゼンダニによる疥癬は約1か月の潜伏期間後に発症する。症状は激しいかゆみを呈し、特に高齢者は腹部などに皮疹（疥癬トンネル）を伴う。

ヒゼンダニは、身体から離れても環境によってしばらく生存が可能である。また、人と人とが接触したり、衣類や寝具、落屑を介して感染するため、感染範囲が拡大する。介護従事者は日常のケアと二次感染防止に努めることが重要である。

①予防方法

- 「1ケア1消毒」（1ケアごとに手指の消毒をする）の実施に努める。
- 日々のかかわりのなかで観察を怠らない（観察項目：皮膚の状態、強いかゆみの訴えの有無、無意識にかきむしっていないかなど）。
- 異常の発見をした場合は施設指導者および学校の教員に報告し、指示を仰ぐようにする。

②発症時の対応

- 治療が開始となれば徹底した治療を継続する。
- 寝具等直接身体に触れるものは毎日交換する（静かに交換すること）。
- 居室の整理整頓、換気を行う。掃除は最後に行う。
- 入浴時は石鹸を使用し、軟膏をこすり落としよく洗い流す（脱衣所でのマット、バスタオル等の共有は避ける）。
- 介護時に使用する手袋と、新しいリネンを扱ったり薬を塗布するときの手袋は区別して交換する。
- 学生は実習終了後（終了後1か月の期間）いつもと違うかゆみや体の変調があれば、病院で受診する。そのときは必ず福祉施設で実習したことを医師に告げる。また、診断結果は速やかに学校に報告する。

5）ノロウイルス（感染性胃腸炎）

ノロウイルスは感染性胃腸炎の一つで、感染経路は接触感染（経口感染とその他の接触感染）である。このウイルスは感染力が非常に高く、また乾燥に強い。潜伏期間が短いため、一人が感染すると一度に多くの感染者が出現するのが特徴である。潜伏期間（感染から発症まで）は24時間から48時間で、体内に入ったウイルスは腸管内で増殖し、主な症状は吐き気、嘔吐、下痢（水様性）、腹痛である。通常は1～2日続いた後治癒するが、症状が治まってもその後1週間から1か月

程度は便のなかなどにウイルスの排泄が続くことや感染していても症状を示さない不顕性感染も認められているため、感染が沈静化した後も注意が必要である。

①予防方法

▶手洗いの徹底

ケア実施後、介護従事者は「目に見えない汚れ」も想定して、まず流水と石鹸でよく手洗いをし、その後に擦式消毒用アルコール製剤で消毒を行う。しかし、ノロウイルスはアルコールに抵抗性を示すため殺菌効果は期待できない。よって、流水することで手に付着した菌を流し落すことが重要であり、何よりも正しい手洗いの励行が求められる。また、介護現場において、日常的に使用される手袋には小さな穴が開いている。ノロウイルスはこの手袋の穴を通過するため、手袋をしていても手にはウイルスが付着している。そのため、手袋を外した後の正しい手洗いと消毒の励行が大切である。

▶手袋、予防衣（ガウン）、マスクの着用

感染した人や感染の恐れがある人の介助にあたる場合にはガウンの着用が必要である。ガウンは撥水または防水素材のものを選択し、使い捨てが可能なものを使用する。また、ガウンの使用後は居室を出る前に脱ぎ、ビニール袋に入れて密閉して廃棄する。なお、ガウンの着脱の際には汚染表面を素手で触れたりすることがないように、注意深く取り外すことが重要である。

▶汚物の処理方法

汚物の処理には、マスク、ガウン、手袋の着用はもちろんのこと、床等に飛び散った汚物を確実に処理することがウイルスの伝播を防ぐ鍵である。

汚物を発見した場合、汚物中のウイルスが飛び散らないようにペーパータオルなどで（なければ新聞紙でも可能）静かに拭き取る。拭き取った後、次亜塩素酸ナトリウムで浸し、10分程度おくことが必要である。その後、水拭きを行う。拭き取りに使用したペーパータオルなどは、ビニール袋に入れ、密閉し破棄する。また、汚物が付着したリネン等はウイルスが飛び散らないよう処理し、洗剤を入れた水のなかで静かにもみ洗いする。その後、次亜塩素酸ナトリウムの消毒が有効である。

また、ノロウイルスは乾燥すると空気中に舞い上がりやすくなる。それを口から吸い込むことで感染する場合もあるので、汚物を処理した後はウイルスが屋外に出るように十分な換気が必要である。

▶流行時期における症状は疾患を疑い早期対応—事前の報告—

家族、同居者にノロウイルスによる症状が出現している場合、自分（学生）も感染している可能性が非常に高い。

高齢者と違い成人（学生）の症状は比較的軽く済むが、ウイルスをもち込まないためにも、事前に実習指導者（責任者）に報告し、指示を仰ぐことが必要である。

②発症時の対応

症状が発症した場合は、速やかに医療機関で受診する。なお、症状によっては軽い場合があるが、特に流行期においては「ただの風邪だから、大丈夫」と軽視するのではなく、慎重な対応が望まれる。学生の場合は早期に実習指導者(責任者)に報告し指示を仰ぐことが必要である。

ワーク2-5 感染症について学んだことをまとめよう！

① 感染と感染症の違いは何か説明しよう。また、感染症の予防方法を書いてみよう。

_____

_____

〈予防方法〉

_____

_____

② 次にあげた主要な感染症を、それぞれの項目について簡単にまとめ整理してみよう。

疾患名	症 状	感染源	感染経路	予防方法	発症時の対応
インフルエンザ					
MRSA					
B型肝炎					
疥癬					
ノロウイルス					

3 腰痛症

腰痛は背骨、椎体や椎間板の変形により神経根や神経の束が圧迫され、痛みやしびれが現れる。腰痛をきたす疾患は数多くあり、症状も多彩である。

介護は立位、中腰、前かがみなどの介助動作を必要とするため、介護従事者は普段の生活から腰痛に対する予防をする必要がある。

ここでは急性腰痛症について学ぶこととする。急性腰痛の治療としては、短期間の安静が基本でほとんどが自然に改善する。

①予防方法

利用者の移動や身辺介護の場面での腰痛の予防には、①腰痛保護ベルトによる

予防、②腹筋の訓練対策による予防、③ボディメカニクスを応用した介助動作による予防の3つがあげられる。

しかし、介護現場における腰痛の予防には、介護従事者の数、環境など多面的に捉える必要がある。ここでは、『職場における腰痛予防対策指針』も参考にしながら、対応の視点を示す（表2－1）。

表2－1　職場における腰痛予防対策指針

腰痛要因	留　意　点
1）動作要因	①不自然な姿勢をとらないようにする ②持ち上げる、引く、押す等の動作は膝を軽く曲げ、下腹部に力を入れながら行う ③体重の重い入所者の体位の変換・移動等は、複数人での対応が望ましい ④同時に2つ以上の行為をしない ⑤腰部負担の大きい作業が特定の介護者に集中しないように配慮する ⑥急激または不用意な動作は避ける ⑦介護動作に合わせて作業標準を策定する（作業量・作業方法等）
2）環境要因	①床面の状態の確認（滑りやすさ、段差の有無等）
3）個人的要因	①年齢、性 ②体格の状況 ③筋力の状況：腹筋力、握力、バランス能力等 ④心理的側面：介護技術・福祉用具等に関する正しい理解

②腰痛になったときの対応

・早期に受診し、治療をすること。
・適度な硬さのある布団の上で、仰向き・横向き姿勢になる。ただし、仰向きになるときは膝の下に小枕を入れる。
・活動するときはコルセットを着用し腰部の負担を最小限にとどめる。
・ストレッチングの実施。お風呂に20分ほど腰まで浸かった後にストレッチングを行うと一層の効果が期待できる（図2－1）。

図2－1　ストレッチングの方法

腰のストレッチング　　　　大腿二頭筋のストレッチング　　　　大腿四頭筋のストレッチング

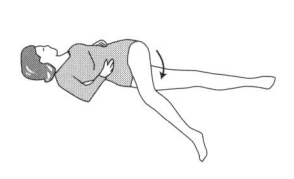

仰向けで上体はそのまま腰から下をひねる。　　　片足ずつ台の上にのせて上体を前に倒す。　　　片膝は立て、片膝は後ろについて腰をゆっくり沈める。

出典：和田攻監『産業保健ハンドブック　腰痛』産業医学振興財団　2006年

> **ワーク2－6** 腰痛症について、表2－1を参考にしながら、腰痛を起こさないための具体的な対応（望ましい対応や方法など）をあげてみよう！

4　ストレス

　ストレスとは環境の変化、体外から加えられた各種の刺激に対する生体の積極的反応として捉えることができる。環境変化など外的な刺激をストレッサーとよび、①物理・化学的ストレッサー（寒冷、酷暑、外傷、X線など）、②生理的ストレッサー（飢餓、感染、疲労、ビタミン不足）、③精神的ストレッサー（不安、緊張、恐怖、興奮）の3つに大別されている。

　これらは、いずれも極端に強くなれば有害なストレスとなるが、適度なストレス反応があるおかげで、外界の変化、刺激に対し人間が適応していることも忘れてはならない。しかし、実習が初めてのことにより、不安が多いうえに慣れない施設、実習施設までの移動、実習開始時間と授業開始時間の違いなどからくる疲労などストレッサー要因は重なる。さらに、夏休み中の酷暑のなか、春休み中の寒いなかでの実習となると物理・化学的ストレッサーが加わる。

　したがって、多くのストレス要因をはらむ実習では過度なストレスを抑え、適度なストレスの量を利用していくことが大切になる。

①ストレスの予防方法

- 上手に気分転換の方法をもつこと。
- 実習初期からスーパービジョン[*6]を受けること。
- 心のヘルスケアのためのリラグゼーションを実施する（専門的には心理学分野等で学習するが、呼吸・瞑想・筋弛緩によるリラックスは簡単にできる）。
- 気分が優れないときは、医療的な対応も必要である。

②ストレス時の対応

　人はストレスを感じたとき、少しでもストレスを軽くするためにさまざまな方法をとり、ストレッサーを意識的に処理することがある。このことが「ストレス対処」である。

　ストレス対処は個人によって異なるため平準化は難しく、専門家による対応も必要となる。次のようなストレス対処方法を積極的に取り入れているところもある。

＊6　スーパービジョン
本章p.39参照。

- ストレッサーは何なのか、最初に示したストレッサーの3つの大別を参考に要因を明らかにする。また、そのことについて誰かに聞いてもらい、自分の気持ちを整理する。さらに積極的な方法として、解決のための計画を立てる。
- ストレッサーから起こる感情、怒りの気持ちを誰かに話し気持ちを沈静化させる。また、できるだけその問題を忘れるようにする。
- 個別スーパービジョン、グループスーパービジョンを受ける。

ワーク2-7 ストレスの要因を明らかにしよう！

あなたのストレスとなっていることはなんですか。ストレッサーの3つの大別を参考に、ストレスの要因を明らかにしてみよう。また、その要因に対する具体的な解決方法を話し合ってみよう。

●参考文献●

[第1節 介護実習・介護総合演習の準備と留意点]
- 日本介護福祉士会編『現場に役立つ介護福祉士実習の手引き』環境新聞社 2004年
- 社会福祉士・介護福祉士制度研究会監『社会福祉士・介護福祉士関係法令通知集』第一法規出版 2000年
- 川崎医療短期大学「介護実習要項」2009年

[第3節 実習の心構え]
- 富山短期大学「介護実習の手引き」 2006年
- 岡本千秋編『最新介護福祉全書17：介護福祉実習指導 第3版』メヂカルフレンド社 2005年
- 一番ヶ瀬康子監『リーディングス介護福祉学19：介護実習指導』建帛社 2004年
- 田中篤子編『秘書実務』嵯峨野書院 1987年
- 有馬良建著『介護・看護職のための言葉づかいチェックリスト』医歯薬出版 2004年

[第4節 健康管理]
- 「高齢者ケア施設の施設内感染対策」『ジーピーネット』厚生科学研究所 2003年1月号
- 高木宏明『地域ケアにおける感染対策』医歯薬出版 2006年

第3章 介護実習Ⅰ・介護総合演習の展開

1 介護実習Ⅰ・介護総合演習の目的と目標

1 介護実習Ⅰ・介護総合演習の目的

　厚生労働省が示す見直し案における介護実習Ⅰの内容は「様々な生活の場における個々の生活リズムや個性を理解した上で、個別ケアを理解し、利用者・家族とのコミュニケーションの実践、介護技術の確認、多職種協働や関係機関との連携を通じたチームの一員としての介護福祉士の役割について理解すること」となっている。

　現在、介護福祉士養成課程において介護実習の対象となる利用者の生活の場を入所型施設系実習と居宅介護系実習に分けて考えてみると、表3-1のような実習の場がある。

表3-1　介護実習の対象となる利用者の生活の場

入所型施設系実習	児童	知的障害児施設、肢体不自由児施設、指定医療機関重症心身障害児施設、盲ろうあ児施設
	障害者	施設入所支援、グループホーム（共同生活援助）ケアホーム（共同生活介護）
	高齢者	養護老人ホーム、特別養護老人ホーム、介護老人保健施設 介護療養型医療施設、認知症対応型特定施設入居者生活介護事業所（グループホーム）、特定施設入居者生活介護事業所など
	その他	救護施設、更生施設など
居宅介護系実習	児童	知的障害児通園施設
	障害者	入所型を除く障害福祉サービス
	高齢者	訪問介護、訪問入浴介護、訪問看護、通所サービス事業所、短期入所サービス事業所、地域密着型サービス事業所、介護予防通所サービス事業所、介護予防短期入所サービス事業所、介護予防地域密着型サービス事業所

介護実習Ⅰにおける第1の目的は、言うまでもなくサービス利用者の生活を理解することである。そして、利用者の生活を理解するうえで大切なことは、私たちは生活を一人でしているわけではなく、取り巻く家族や他の生活者とともに生活を営んでいること、利用者の状況変化だけではなく、周囲の状況変化によりサービスの必要性が変わることもあるということである。

　上記の目的を達成するために、さまざまな生活の場で実習をするのであるから、実習の場における利用者理解ということだけではなく、その人の生活とは何かを考えながら理解をする必要がある。サービスを受ける内容は老化や障害の程度によって異なっている。また、生活スタイルをみると、入所型施設においては家庭生活と社会生活を限られた場所、つまり、施設内でしていることが私たちの生活と異なっている。そして、居宅介護等においては家庭生活を基盤として、決められた時間のなかでサービスを受けている。このようなことをふまえたうえで、利用者の生活におけるサービスの位置づけやその利用者を取り巻く人々との関係をも含めて理解することが大切となる。このことが必然的に個別ケアへとつながる。

　第2の目的は実践能力を高めることである。利用者・家族を理解した内容が支援者側の一方的な思いとならないよう、コミュニケーションを深め、適切な生活支援技術を提供する。

　利用者・家族とコミュニケーションをとりながら、得た情報を確認、修正、情報交換することで理解が深まり、相互の考えが近づく。そのことが適切な生活支援技術につながる。また、自分ひとりの考えではなく、他の職員、関連職種との情報交換をすることも不可欠である。このように言動に移し、生活支援技術を実践することが目的といえる。

　介護総合演習では学内で学習した内容をふり返りつつ、ともに実習する学生間で意見交換をするなど、学習内容と実践内容をつなげて介護実習Ⅱにむけての基盤づくりと学習効果をあげる。一人の学生が実習に行く場は限られているため、実習先の特徴を学生が理解でき、他の実習の場の学生と実習目標を共有することにより、多くの介護の場を理解する。この2点が介護実習Ⅰにおける介護総合演習の目的であろう。

　養成校によってさまざまな形で実習が準備され、介護総合演習の内容も具体的に提示されていると思われる。学生は実習の場の特徴とその場における利用者の自立度を理解し、その実習施設で求められている支援内容を理解して実習に臨むことが必要である。介護総合演習は、実習開始前・中・後に準備・確認・修正をしながら具体的目標を立案し、計画的に実習を進めていく。また、ふり返りを行うことで、次の課題を見出す。

2　介護実習Ⅰ・介護総合演習の目標

　前述したように、介護実習Ⅰの目的を達成するために、各養成校で目的に合わせた実習施設の選択や具体的目標が立てられている。特に介護実習Ⅰにおいては選択された実習の場や時期はさまざまであると考えられる。利用者の生活の場に応じて、もしくは、学生の学習段階をふまえて目標が段階的に提示されていることであろう。

1）介護実習Ⅰの目標

①さまざまなサービスの機能とそこで生活する利用者を理解する。
②既習の生活支援技術を利用者の障害状況に応じて、指導を受けながら適切に提供できる方法を学ぶ。
③多職種と連携をしながらチームの一員としての介護福祉士の役割について知る。
　上記の目標は抽象度が高いので、養成校の実習施設、実習期間により具体化する必要がある。以下、①～③の目標のポイントを記述する。

2）目標の具体化

①さまざまなサービスの機能とそこで生活する利用者を理解する

　❶介護の場は多様化しており、入所施設においては利用者の自立度でケアの内容が大きく変わる。例えば、自立度の高い利用者では、これまでの生活と施設での生活における制約や利用者間の価値観の相違が大きな課題を占めることが多い。そして、レクリエーションの課題も大きいであろう。また、要介護度が高いと生活支援技術の内容が課題を占めてくるであろう。このように、実習先がどのような位置づけであるか、そのための物理的環境や人員配置も含め介護の場の理解を深める必要がある。また、かかわる利用者の自立度などからケアの内容を理解することが必要であろう。
　❷利用者だけでなく、家族の影響も大きい、積極的に家族とのコミュニケーションがとれることを目標にして、利用者理解をする。

②既習の生活支援技術を利用者の障害状況に応じて、指導を受けながら適切に提供できる方法を学ぶ

　❶実習開始前に履修済みの生活支援技術を復習し、実践を目標とする生活支援技術を実習先および実習生が共通理解しておくことが大切である。
　❷生活支援技術は安全・安楽・残存機能に配慮することが基本であるから、あくまでも利用者本位に考えて、実践できることを目標とする。

③多職種と連携をしながらチームの一員としての介護福祉士の役割について知る

　実習先における多職種理解のため、業務同行やカンファレンス参加など業種の

違いによる視点の違いや利用者支援のためにどのように連携できるかを考え、介護福祉士の役割理解への目標とする。

3）介護総合演習の目標

①実習開始までに実習の目的を理解し、学生が各自、具体的目標が確認でき、実習内容がイメージできる。
②実習中に適宜、個人もしくはグループで実習進度の確認、修正、学生間での共有などを実習指導者や教員より指導を受け、実施できる。
③実習中、健康管理ができ、心身ともに気持ちよく実習を行うとともに、介護福祉士としての役割と自己の適性について考えることができる。
④実習終了後に目標の到達度や実習内容について、個人もしくはグループでふり返り、次への課題を明らかにする。
⑤実習終了後に別の実習先の学生との交流時間をもち、多様化された介護現場の理解を深める。

ワーク3－1　実習目標を具体的に立ててみよう！

① 実習先の法的位置づけと利用者の特徴を確認してみよう。

---

② 学校で提示された目標を達成するために、今回の実習先でどのような目標が設定できそうか、具体的に書き出してみよう。

---

③ 自分で立てた具体的目標がすべて「到達できた」としたら、学校から提示された目標が到達できた、といえるかどうか他の学生と確認しあってみよう。

---

2 介護実習Ⅰの方法

1 介護実習Ⅰの実習計画の立て方

　介護実習は、講義・演習で学んだ知識と介護場面の実際を、統合するための学習方法である。実習先は、さまざまな福祉サービスを利用している利用者やその家族、福祉サービスを提供する職員とで成り立っている実社会である。そのなかで、介護実習という体験を通しての学習は、まさしく「生きた学習」そのものである。しかし、新たな環境での実習や習得が不十分な知識や技術では、不安感や緊張感が出やすい。そこで、効果的な実習を進めるうえで、必要となるものが実習計画である。

　介護実習Ⅰでは、養成校指定の実習施設や事業所等で、支援を必要とする利用者とのかかわりの場面で実習を行なう。実習先や実習日数は、養成校により異なるが、各々の実習目標を到達するためにどのように行動すればよいのかを確認する。

　はじめに、養成校で提示された実習目標をとらえる。実習目標には、実習で何を学ぶのかが示されている。それは、実習を通して成長する姿（すなわち到達目標）でもある。そのためにどのように行動・学習したらよいのか考え、整理したものが実習計画となる。

　次に、実習期間に着目する。実習は、期間が限られているため、その間に実習目標を達成することができるよう行動・学習方法を組み立てなければならない。例えば、1～4週間という複数週の実習期間の場合、それを週単位に分割する。そして、週単位での到達目標を掲げ、到達するための行動、学習方法を予測して、計画を立案する。次に、立案した週単位の計画が達成できるよう、1日単位の実習目標、計画が必要となるわけである。

　これらの計画は、実習開始前におおむね予測しながら立案して、実習することになる。しかし、計画は決定ではない。実習指導者から提示された計画表や利用者の状況、実習を通して気づく個々の課題に応じて、それらの相互関係や実習全体の目標を再認識しながら、その都度、修正を図る必要がある。

　ここで注意したいことは、実習は、実習指導者や実習担当教員によって準備されたものではないということである。したがって、学生自身が主体的に実習を計画することが、効果的な実習を進めるうえで、いかに重要な道しるべになっているかが理解できるであろう。

✎ワーク3-2　実習の計画を立案してみよう！

① 実習で学び「知りたい」「体験したい」「できるようになりたい」ものは何か、実習への期待や実習終了後に成長した自分自身の状態をイメージして箇条書きで記入してみよう。

・
・
・

② 実習全体の期間でワーク3-1の②で設定した目標が実践できるよう、週・日単位で目標、行動計画を立案してみよう。

	目　標	行動計画
第（　）週目		
月　　日		
月　　日		
月　　日		
月　　日		
月　　日		
月　　日		
月　　日		

2　介護実習Ⅰの記録

　実習記録は、実習目標の達成を確認するうえで、必要な記録がさまざま取り揃えられている。養成校により、記録用紙はさまざまあるが、主なものについて記す。

1）実習先の概要

　円滑な実習につなげるため、あらかじめ、実習先である施設や事業所などの理解を深める。実習の開始前にパンフレットなどを活用して調べた内容をまとめる（p.43参照）。紙面で不足な点がある場合は、事前訪問時に、実習指導者に働きかけ、直接説明を受けて、さらに理解を深める。

　（例）関係法令、理念・運営方針、サービス内容、建物の構造、職員構成、利用者の1日の生活、介護業務、介護体制、利用人数、介護度・年齢・性別など全体の利用者像、週間・月間行事・レクリエーションなど余暇活動等

2）実習日誌

①実習目標

1日の実習を通して、何を学びたいのかを「目標」として記す。目標には、何のために、どのように行動し、何を学びたいのかを明記し、具体的な表現を心がける。

（例）利用者との信頼関係を構築するため、笑顔で挨拶に努めながらコミュニケーション技法の活用方法を知る。

②実習計画

利用者の1日の生活、介護業務を参考に1日の実習行動計画を記す。時間配分は、午前、午後、訪問時間など経時的に記すことで、目標を達成するための行動が容易になる。

③ふり返り

主に、1日の実習目標の達成状況を記す。その日の実習目標と照らし合わせながら実習内容をふり返り、体験した介護場面と利用者の反応など、結果を事実としてまとめる。次に、根拠をふまえ自分の考えをまとめ学びを深める。達成できない場合は、その理由を明らかにしながら自己の課題として掲げ、達成できるよう今後の目標立案へつなげる。その他、印象に残った場面は、その理由や考えを丁寧にふり返りながら、自己の介護観を深めていく（p.44参照）。

3）受け持ち記録・フェイスシート

利用者の状況に応じた介護を実施するために、利用者一人ひとりを理解する。そのために、利用者とのコミュニケーションを図る、生活の様子を客観的に観察する、職員から情報を入手する、介護記録を閲覧するなど、あらゆる角度から利用者にかかわる情報を収集する。それらを学校指定の記録用紙に記録しながら情報内容の確認や補足に努める。そして、情報内容と記録が連動するプロセスのなか、観察力を培っていきたい。得られた利用者の情報は、分析してニーズ[*1]を明らかにし、介護計画の立案、支援へと活用するためのものである。したがって、自ら観察した現時点での利用者の状況を記録にまとめることが重要である。そして、現在に至った経過を知るために、その他の方法で情報を収集する。

> *1　ニーズ
> 利用者またはその介護者が、援助してほしいと望んでいること、実際に生活上困っていること、さらには専門職としての視点で利用者にとって援助が必要と思われるものをいう。

4）個別生活支援技術の実践記録

学内の演習で身につけた生活支援技術をもとに、利用者個々に支援した内容を記録にまとめる。利用者に提供される支援は、すべて介護過程に沿って展開実践されている。そこで、介護場面で見学や実践をする場合、介護記録やスタッフから利用者のニーズや介護目標を確認して、何のために支援するのか考える機会を

もちたい。次に、利用者を観察して状況をふまえ、学んだ知識と照らし合わせ、使用物品、手順、留意点を記録していく。実施した支援内容について、安全、安楽、自立への配慮、根拠、利用者の反応や状態をふり返り記録する。この記録を通して、利用者の状況の把握とともに、介護の必要性を考える。つまり、アセスメント思考を養う機会となる。また、自分自身の生活支援技術を客観的にふり返ることで、技術の取得を養う機会となる。

3 実習中の留意点

1）日常生活の場での留意点

①生活の場への配慮

　実社会である利用者の生活の場で実習することを意識し、利用者や家族、職員と接するときは、挨拶など相応しい態度に努める。居宅介護実習は、利用者個人の自宅へ出向き、生活の場に入らせてもらうことで、はじめて実習が成り立つものである。居宅という大変プライベートな生活空間での実習は、より謙虚な姿勢をもち、十分な配慮をすることが求められる。

②利用者とのコミュニケーション

　学生は、利用者との慣れないコミュニケーション場面で、利用者との会話が続くと安心し、コミュニケーションが成立したと満足に至り、話しやすい利用者とのコミュニケーションに偏る傾向がみられる。反対に会話が続かないと不安に陥り、さまざまな状況の利用者と接する機会が減少しやすい。コミュニケーションは、一つの技術として習得するが、あらゆる介護場面で活用が必要となる技術である。利用者とのコミュニケーションを図る場合、その目的や種類、方法をふまえ、介護者として接することを念頭に置きながら接する。

③スタッフとのコミュニケーション

　その他、コミュニケーションを図る対象として意識したいのは、スタッフやグループメンバーである。協働するうえで不可欠である「報告・連絡・相談」には、コミュニケーションが欠かせないことを心がけながら連携につなげる。

④生活の過ごしかたをとらえる

　利用者の生活全般は、基本的ニーズを満たすための連続した生活行動である。そこで、利用者を一人の生活者として、24時間通した生活の過ごし方をとらえる。さまざまな介護場面における利用者の表情などの様子や活動状況を観察し、必要とされる介護を考える。

⑤実習時間以外の情報

　実習時間以外の生活の様子は、夜の過ごし方や睡眠状態など夜間の様子をス

タッフや利用者に直接働きかけて尋ねたり、申し送りの聴取で情報が入手できる。

⑥実習時間以外の業務内容

　利用者の生活に照らし合わせ、必要とされる介護業務と介護者の役割を理解する。実習時間以外の業務内容は、利用者の生活の理解と合わせてスタッフに尋ねる。

2）介護の場での留意点

　さまざまな介護場面を主体的に経験するために、あらかじめ立案した1日の実習目標の達成を意識して行動する。実践したい介護場面がある場合は、事前に介護職員などスタッフに申し出て見学から始めることが適切である。

　介護場面を見学する場合、利用者に不快感を与えないよう、立ち位置や介護者のサポートに携わるなどの配慮をする。そして、スタッフと利用者との接し方や支援方法、利用者の様子を客観的にとらえ、見学を通しての学びを大切にし、次の実践につなげる。また、疑問点や不明な点は、できる限りその場で直接携わったスタッフに質問し、問題解決を図ることが望ましい。

　実習先で経験を重ねても、利用者の情報が少ない学生は、必ず許可を得てから行動し、不適切な支援を避けるため決して独断で行わない。実践後は、実践内容、利用者の様子など必ずスタッフに報告をする。

①早出・遅出・夜間勤務実習

　実習を進めると、変則勤務として、早出、遅出、夜間勤務実習を経験する。利用者のさまざまな生活活動に応じた介護体制や業務内容を体験するとともに、また、違った角度から利用者の生活や介護業務を理解することになる。

　早出勤務実習では、起床後、朝食やモーニングケアなど1日の活動を開始する利用者の朝の生活の様子をとらえる。遅出勤務実習は、夕食やイブニングケアなど、睡眠の準備を整える利用者の夜の生活の様子をとらえる。

　夜間勤務実習では、夜間の介護業務を経験して、昼間と異なる利用者の生活環境を理解する。日中の活動につなげるために必要な睡眠への支援として、換気・室温・照明などの環境整備、寝具の調整、睡眠中の体位の工夫等を行う。夜間は定期的に居室を巡回し、利用者の睡眠状態として睡眠の深さ、呼吸のリズム、昼夜間の睡眠時間の比較、覚醒の有無を観察する。また、利用者からの苦痛の訴えや急変時の対応、夜間帯における多職種との連携の方法を学ぶ。また、施設全体を巡回し、火の元の確認、夜間行動する利用者の安全の確保に努める。さらに、日勤からの申し送りの内容が、夜間業務にどのように活用されているかを知り、継続した介護に必要な申し送りの内容を整理して、日勤への申し送りに参加する。

　変則勤務実習は、生活のリズムが変わるため、健康状態に支障をきたさないよう十分な休養を取り、自己の健康管理に留意する。

②アクティビティな支援

　利用者の生活を支えるうえで重要となるアクティビティな支援方法を学ぶ。生活のなかでの役割や余暇活動など利用者の生きがいにつながる活動をとらえる。実習でレクリエーションなどを企画する場合、その目的、対象となる利用者の状態、参加人数をふまえ計画をする。実践は、介護職員などスタッフの参加協力が必要なため、全員が内容を共通認識できるように具体的な計画を立案する。立案した計画は、事前に実習指導者のアドバイスを求め、修正を重ねながら実践可能な内容へと膨らませる。一般的に、このように立案・修正した計画内容をふまえ、実習指導者が参加利用者の選出調整を図る。実施前は、入念に準備を整え、開始時間を見計らい利用者を開催場所へ誘導する。常に、利用者の反応を観察しながら、計画内容をもとに展開する。実施中は、計画遂行に集中することなく、利用者の安全配慮を怠らないようにする。実施後、利用者の状態観察をしながら、次の生活行動へ誘導する。可能であれば利用者にインタビューを試み、その意見をふり返りの参考にする。学生は、カンファレンス等でレクリエーション全体の内容をふり返り、実習指導者の意見を求めながら、学び、課題を整理する。

3）その他の留意点

①福祉サービスの職種の役割と連携

　福祉サービスを展開するうえで法令上配置が必要な職種や、関与しているさまざまな職種について調べておく。実習中、さらに役割や連携の理解を深めるため、介護場面での学びや実習指導者へ各種職種の説明の機会を設定してもらうよう働きかけ、理論と福祉現場の実際を結びつける。

②チームワーク

　介護は協働することで、ケアの質が高まり、効果的なサービスを展開することができる。介護業務は、リーダーとメンバーでチームが構成され実践している。また、多職種との連携を図るうえでもチームワークは重要となる。学生もその一員であることを意識して行動したい。

　実習グループでは、効果的な実習ができるためにリーダーとメンバー、双方の役割を理解する。そして、グループ全体のなかでの自己の役割をとらえながら、チームワークが築けるように行動する。

③カンファレンス

　実習中、原則として1日1回30分程度のカンファレンスが設けられる。開催時間、場所、テーマ、参加者をあらかじめ確認しておく。ディスカッションした内容は、学びとして要点をまとめる。

④記録物の取り扱い

　メモ帳、実習記録には、利用者にかかわるさまざまな情報が掲載されている。

利用者が、特定されることのないよう、利用者名はアルファベットなどを用い伏字にする。また、記録物の取り扱いには、十分に注意を払い行動をする。例えば、実習中の休憩室で確認した記録物は、その都度、ロッカーや鞄に収納し周辺に放置しない。また、実習先への移動中や学校への帰校時にも同様に注意を払いたい。さらに、知り得た利用者や実習先の情報は、むやみに口外することのないよう、慎重な行動が求められる。

⑤記録物の提出

記録物の提出は、指示された期日を必ず守る。実習グループで行動する場合、可能な限り、メンバー全員の記録を揃えて提出をする（第2章第2節「記録・報告の仕方」参照）。

⑥遅刻・欠席

あらかじめ公共交通機関、道路状況の確認を行い実習時間に遅刻のないように行動をする。遅刻の場合、指示された場所へただちに連絡を入れ、理由を明らかにする。欠席の場合も同様に、連絡をして理由を明らかにする。

⑦健康管理

発熱、咳嗽（がいそう）、下痢等、体調不良を認めたら、利用者への感染拡大を未然に防ぐため、原則的に実習先への訪問を差し控え、早期治療、回復に臨む。ただちに実習指導者や学校へ報告し、合わせて、今後の実習の進め方等について相談をする。

4　介護実習Ⅰの評価（自己評価・実習指導者の評価）

実習評価は、実習体験や利用者との関係をふり返り、自分自身の行動を客観的にとらえて、評価しながら結果や課題を明確にすることで、学びを確認し、次のステップにいかすものである。この機会は、自分自身とじっくり向き合い、専門者としての自己研鑽につなげるよう丁寧に作業を進める。

評価内容は、主に各実習の目的、目標が一つの評価基準になり、各項目に照らし合わせながら、到達度が確認される。さらに、実習全体の活動状況や実習への姿勢なども含まれている。評価の時期は、一般的に実習終了後に行われる。しかし、実習目標の到達に向けて、実習期間中、その都度、学習状況や実習態度を評価、修正しながら最終評価につなげられる。評価には、自己評価と他者評価があるが、実習評価は、実習指導者、学生、学校の三者が関与して行われる。

1）自己評価

自己評価は、実習をふり返り、自己の実習への意欲や態度、習得状況など、客観的に自分自身を見つめなおす機会となる。実習目標を達成するための確認作業として、実習期間を通して、1日、週単位で実習内容をふり返りながら、自己の

学びと課題を明らかにする。また、他者評価と照らし合わせることで、自己評価の傾向を知る機会となる。それをふまえ、再度、自己評価に臨み、課題を明らかにしながら専門者としての自己成長につなげる。

2）他者評価

　実習指導者は、学校の実習目的・目標をもとに、学生の指導に携わっている。日々、直接指導にあたるスタッフは、スタッフ間の連携を図りながら学生の実習状況を把握し、主に実習指導者が最終評価を行う。実習指導者の評価は、学生の到達度や課題を客観的に総体的に示しているので、学生は、自分自身を客観的に捉える判断材料になる。

　学校の評価は、実習中の学生の発言、態度など実習の様子や実習記録の内容、実習巡回指導で実習先を訪問した際の実習指導者のコメント、実習評価を参考に総合的に評価を行う。

　実習中、個々の学生がもつ課題は、実習指導者、学生、学校双方の面談で調整を図りながら解決、改善の方向へ導かれている。したがって、実習評価は、三者の成長を期待するものである。

✎ワーク3-3　実習目標と照らし合わせ、自己評価をしてみよう！

評価項目	チェック
実習先に関する知識の理解	
実習先の介護サービスの目的と機能、運営方針、職員の業務内容を理解している	
実習先と地域との関係を理解している	
実習先と関連する制度や社会資源を理解している	
個人情報保護の取り組みを理解している	
コミュニケーション技術の習得	
利用者の話を傾聴している	
共感的な言動を示している	
利用者を受容している	
スキンシップを適切に行っている	
本人の意思を尊重している	
支援に必要な知識・技術の取得	
利用者を生活者としてとらえている	
支援に必要な知識・技術を習得する為の学習を行っている	
安全、安楽、残存機能に配慮した技術を習得している	
個々の利用者の状況に応じた生活支援技術の理論的理解と技術を習得している	

	レクリエーションの企画・実践・評価・考察をしている	
実習に取り組む姿勢・態度		
	福祉専門職としての倫理観、規範を身につけている	
	実習課題に意欲的、主体的に取り組んでいる	
	利用者や職員と積極的にかかわっていこうとする姿勢がみられる	
	実習指導者の助言や指導を積極的に受けようとする姿勢がみられる	
	実習先の方針や規則の遵守、指導を守って責任ある行動がとれている	
	報告・連絡・相談など責任ある行動がとれている	
	チームの一員としての自覚をもち、連携した行動がとれている	
	実習生間の連携と互いに学びあう姿勢がみられる	
	自己の健康管理をしている	
	利用者の人権を尊重した態度、プライバシーへの配慮をしている	
記録の習得		
	目標の達成に向けた実習計画を具体的に立案している	
	計画に基づいた実施・結果を具体的に記録している	
	実施内容をふり返り、理論的に評価・考察している	
	誤字、脱字がなく、適切な専門用語で記録している	
	提出期限を守っている	
カンファレンスの参加・運営技術		
	カンファレンスの運営をしている	
	テーマについて考えをまとめ発表している	
	カンファレンスを通し、多様な考えを理解し、思考の幅を深めている	
総合所見		
	実習全体で特記する事項や将来福祉専門者として働くため必要な事項について記述している	

5 実習報告会

1）実習報告会の目的

　実習報告会の目的は、実習終了後、あらためて実習で経験したさまざまな介護場面や、そこからの学び、疑問、課題をふり返り、実習全体を要約して発表の準備を推し進め、思考を整理し、次につなげることである。また、他の学生の発表内容を聴取し、意見交換を図りながら、自分自身が体験できない内容を共有し、自身の学びとすることができる。さらに、実習先の特徴を知ることは、社会福祉領域の視野を広げ、介護福祉専門者としての役割を考え高める機会となる。

報告会で発表する内容は、実習の初期段階では、感動した事柄や感想が主になるが、実習を進めるに従い、実習目標を視野に入れた学びや課題についての発表工夫が求められる。学校から提示された発表項目に沿って整理をする。

ワーク3－4　実習報告会の準備をしてみよう！

① 報告会の目的・目標を確認しよう。

目的：

目標：

② 実習内容をふり返り、実習目標に照らし合わせながら、以下について整理しよう。

実習の意義、意味：

実習先の特徴：

実習での学び、課題：

実習での疑問、分からなかったこと：

介護者の役割、責任についての学び：

実習体験で他学生と共有したいこと：

実習で感動したこと、うれしかったこと、辛かったこと、苦しかったこと、悲しかったこと、ショックを受けた場面とその理由：

その他：

③ 個人の発表時間を確認しよう。

2）実習報告会の運営

　発表資料の提示方法は、担当教員の指示に従い準備する。多人数を前にしての発表は、緊張が伴いやすいため、発表時間に合わせ発表内容の構成を考え準備を整えておく。発表練習を行い、声の大きさ、スピードなど聴取者が聞きとりやすいよう工夫をする。

　発表会場づくり、座席、発表順番、その他必要物品の準備、司会者・書記・タイムキーパーなどの役割を担当教員に確認して事前準備を行い、発表にふさわしい環境づくりに努める。

　司会者は、報告会を円滑に運営するため、タイムキーパーと協働しながら時間配分に留意し、会場全体の雰囲気づくりに努める。また、発表内容を要約しながら、質疑応答で参加学生が意見を出しやすいような工夫をする。意見が出ない場合、学生への指名や教員へ発言の誘導を依頼するなど、協力を得ながら闊達な意見交換の場を設ける。

　書記は、進行の様子がわかるよう、発表の主旨を要約し、質疑応答の内容、教員のコメントなどを客観的に簡潔にまとめ記載する。

　参加者は、必要時メモをとり、発表内容の理解を深める工夫をする。そこから、不明な点や疑問点について質問を行い、自己の体験とともに他者の意見を求める。

　この報告会に、実習未経験の学生が参加する場合があるが、実習の様子や自身の方向性のイメージを具体化する機会となり、不安の緩和とともに実習理解や動機づけの手助けとなる。

　実習報告会は、参加者全員で取り組む姿勢が運営そのものを左右するので、一人ひとりが意欲的に臨みたい。

第4章 介護実習Ⅱ・介護総合演習の展開

1 介護実習Ⅱ・介護総合演習の目的と目標

1 介護実習Ⅱ・介護総合演習の目的

　厚生労働省が示す見直し案における介護実習Ⅱの内容は「利用者の課題を明確にするための利用者ごとの介護計画の作成、実施後の評価やこれを踏まえた計画の修正といった介護過程を展開し、他科目で学習した知識や技術を総合して、具体的な介護サービスの提供の基本となる実践力を習得する学習とすること」である。そのため実習施設は、「個別ケアを理解するため、介護計画の作成、実施後の評価やこれを踏まえた計画の修正といった介護福祉士としての一連の介護過程のすべてを実践する場としてふさわしいよう、介護職員に占める介護福祉士の比率が3割以上であることや、介護サービス提供のためのマニュアル等や介護過程に関する諸記録が整備されていること等を要件とする」と基準が定められている。

　介護実習Ⅱにおける実習の場は介護実習Ⅰの対象施設・事業であり、かつ別の基準がプラスされている。つまり、この実習の目的である介護過程の展開が実践できる準備が充分に整っている要件が必要となるのである。そのため、職員の資格や研修、マニュアル等が整い、実習の場として学生の指導ができる環境について定められている。

　介護実習Ⅱの目的は「既習科目における知識や技術を統合し、利用者に適した介護過程を展開する力をつける」ことなのである。

　介護総合演習では、介護過程の講義のなかで展開方法や実際の事例を通して、どのように記録をすすめるのか、実践する時のイメージ学習などを含め行われていると思う。しかしながら、ペーパー上の対象者であることから利用者の反応が実際にはなく、評価、再計画という実践力の積み上げが困難である。介護総合演習では介護実習Ⅰで利用者理解をし、多職種連携を学び、実践方法を工夫してきた流れをいかしながら、学生が立案した計画に沿って実践していくうえでの留意点を事前に理解する。また、実習中においては試行錯誤しながら介護実践をするなかで、スタッフとの連携と評価、再計画内容について具体的に実習指導者および担当教員と話し合いながら、展開をすすめることが重要となる。そのため、介

護総合演習の時間を効果的に使いながら指導を受けなければならない。また、他の学生とディスカッションすることも欠かせない時間であろう。

　介護実習Ⅱにおける介護総合演習の目的は実習期間において、介護過程を展開するという目的を効率よく到達するため、個々の学生の学習能力を高めることであろう。

2　介護実習Ⅱ・介護総合演習の目標

　前述したように、介護実習Ⅱの目的を達成するために、各養成校で目的に合わせた実習施設の選択や具体的目標が立てられている。最終実習段階であり、一連の介護過程展開を実践できるための目標を具体的に立案することが大切である。

　利用者の生活の場に応じて、もしくは、学生の学習段階をふまえて実習指導者と相談し、個別計画対象者を選定することが重要となる。

1）介護実習Ⅱの目標

①実習の場を理解し、その場における利用者に可能なサービスを理解する。
②対象者を総合的にとらえ、個々にあった介護過程の展開ができる。

　上記の目標は、養成校の実習施設、実習期間により具体化する必要がある。以下、①と②の目標のポイントを記述する。

2）目標の具体化

①実習の場を理解し、その場における利用者に可能なサービスを理解する

　本来、居宅介護等のサービス形態において介護過程を展開することが望ましいとされているが、現状における困難さから、入所型施設の実習の場において、受け持ち利用者を選定し、介護過程を展開することが多くなるであろう。それぞれの実習の場がどのような位置づけであるのかを理解することが重要である。入所型の実習施設であれば、ケアプランは施設内で立案され、介護現場における個別計画となる。しかしながら、居宅介護等のサービス利用者においては、介護現場における個別計画だけでなく、他のサービス利用についての情報も充分に理解し、計画に反映させる必要がある。また、サービスの範囲としても経済状態や家族の必要としているサービス内容も組み入れられていることも忘れてはならない。これらのことを念頭に実習期間中の目標を立案する。

②対象者を総合的にとらえ、個々にあった介護過程の展開ができる

　次の❶から❻のステップをふみながら介護過程の展開をする。
❶利用者を受け持ち、介護過程の展開に必要な情報を収集する。
❷これまでの学習内容を基に情報を整理して、アセスメントする。学生本位の

アセスメントとならないように実習指導者や担当教員の指導を受け、アセスメント力をつける。
❸現在立案されている個別計画を理解したうえで、実習期間中に到達可能な計画を立案する。具体的に、また、評価が可能であることを視点に入れて立案し、指導を受ける。
❹立案した計画に沿って実践する。実践のなかには技術的な内容が含まれている。必ず、スタッフの指導のもと安全・安楽・残存機能に配慮されているか留意しながら実践する。
❺利用者の反応をよく観察し、実践内容の評価をすることはもちろん、指導内容も含めて計画修正する。この部分は現場実習であるからこそ得られる重要な課題である。
❻必要な記録・報告をする。一人で介護するのではないので、家族やスタッフとの連携が欠かせない。

3）介護総合演習の目標

　介護実習Ⅰの介護総合演習の目標は、介護実習Ⅱにおける介護総合演習の目標でもあるが、介護実習Ⅱの目標を到達するために、介護過程の展開における個別指導を受け理解を深めることが重要である。
①実習開始までに介護過程の展開の一連の流れを理解できている。
②実習中に適宜、個別計画立案のための対象者（以下、受け持ち利用者）の介護過程の展開において、実習指導者や教員より指導を受け、実践できる。
③実習終了後に受け持ち利用者への介護過程の展開についてふり返り、まとめることができる。

　介護総合演習の時間数は2年課程では120時間、1年課程では60時間である。介護実習ⅠとⅡの時間数のふり分け方により介護総合演習の時間数も養成校によりさまざまであろう。介護実習Ⅱでは介護実習に係る時間数の3分の1以上の時間を占め、その一定の期間で目標を到達するため、重要な科目といえる。介護実習Ⅱの期間が長く設定されているところでは、他の目標も追加設定される可能性があり、その目標に応じて、介護総合演習の目標も追加することとなる。
　また、介護実習Ⅱは介護実習の総まとめの実習ともいえる。研究的視点も取り入れて介護総合演習の時間のなかでケーススタディとしてまとめる時間をもつなど介護実習全体の目標到達に向けて設定されている。

2 介護実習Ⅱの方法

1 介護実習Ⅱの実習計画の立て方

1）実習前に理解しておくこと

　介護実習Ⅱは、配属された実習施設で職員の業務内容に沿って行動したり、実習指導者が行なっている方法を見様見真似で実施したりする実習ではない。利用者とかかわり、その時々の状況の変化に対応しながら、自分なりに判断し、自分なりの仕方でかかわり、利用者に、どのような介護が必要なのか、それはなぜなのかを考える実習である。

　さらに、具体的にどのような介護方法で行なうのか、行なうとどのような目標を達成することができるのかを考え、学生自身が知識や技術を駆使し、利用者の介護計画を立案し、その計画に沿って実施するという介護過程の展開が求められる実習でもある。

　講義で学習した科目「介護過程」を一人の利用者に対し、個別に沿った介護を展開できるようにするのが介護実習Ⅱであり、介護過程の構成要素であるアセスメント、介護計画、実施、評価・修正の思考過程を展開することでもある。さらに、介護実習Ⅱは、配属された施設あるいは事業所での3週間以上の長い期間の実習を行うこともあり、実習後の結果として、実習前の自分と実習後の自分の変化を感じることや介護について深く考える場になるであろう。

　介護実習Ⅱでの実習先が決まったら、実習施設の種別（老人保健施設、特別養護老人ホーム、訪問介護事業など）、根拠となる法律（例えば、「特別養護老人ホームの設備及び運営に関する基準」第16条（介護））などを理解する必要がある。さらに、実習配属となった施設あるいは事業所は、それぞれに独自性や特徴があり異なるので、配属先の施設の特徴や立地条件、地域との連携などをパンフレットなどの資料から把握し、基本的な知識と合わせながら実習への課題を設定するなどの順を追った準備が必要である。資料だけではなく、もっと知りたいことがある場合は、施設のオリエンテーションの際に積極的に質問するなどして、理解を深めるのがよい。学生がこれから実習をする配属施設の理解を深めることは、その施設で生活を送っている利用者の理解に大いに役立つ。

　学生は、実習施設で職員から主体性のある実習を求められることがある。主体性のある実習とは、自分の立てた計画をどんどんこなしていくことや、やる気満々の積極的な態度でもないし、職員に言われたままに動くことでもない。学生は介護を提供する利用者と学生自身との関係のなかで、心のなかに生起するさまざ

な感情（嬉しい、悲しい、恐い、おかしいなど）をあるがままに受け取り、利用者に対し注意を集中することである。

2）実習計画の立て方

　実習施設を大まかに理解したうえで、学生は実習で何を学ぶのか、実習への目標を明らかにする必要がある。介護実習Ⅰで学んだ内容を想起し、何を学んだのか、残された課題がなかったかをふり返り、できなかったことをできるようにすることへの課題と介護実習Ⅱでしか学べないものの課題とを明確にするべきである。介護実習Ⅱの目標は、一人の利用者に対し自分の介護を提供するまでのプロセスを理解し、展開できることである。

　実習が開始され、受け持ちが決定し、介護を提供できるようになるまでには段階がある。

①実習開始〜受け持ち利用者を決定するまでの段階（1週目）

　介護実習Ⅰが終了していても、施設や実習時期が変わるとその施設に学生自身が慣れるまでにはある程度の時間が必要である。すぐにケアに入ろうとせず、まずはじっくりと利用者の生活を把握しながら、学生自身が施設の環境（利用者、職員、構造など）に慣れながら利用者との関係をつくることが大切である。そして、自分自身で受け持つ利用者を相談のうえ決めていく。特に介護実習Ⅱでは認知症があるなど、少し複雑なケースを受け持ってみるのもよい。

〈計画の例：実習1週目〉

　▶利用者の生活の場を把握する

　　生活の場として、居室、トイレ、浴室、食堂、洗面所、居間（団欒の場）等の生活環境を知り、利用者がどのように利用しているかを把握する。

　▶介護体制、利用者の1日の生活リズムを把握する

　　人の生活には活動・睡眠・休養といった基本的なリズムがある。社会生活を維持していくためには、1日24時間を周期とする生活リズムに調整していかなければならない。昼と夜を区別する、時間のメリハリをつける、食事は朝・昼・晩、規則正しい時間にとるようにする、軽い運動をするといったことは重要なことである。利用者が1日をどのようなリズムで送っているかを把握する。

　▶利用者が職員から受けている支援の内容を把握する

　　利用者が職員からどのような支援を受けているのか、介護内容と方法について実習指導者の助言を受けながら日常生活の支援を詳細に把握する。

　▶利用者とのコミュニケーションを図る

　　学生は、実習によって学生が利用者の生活の場に入ることによってもたらされる変化についても知っておく必要がある。利用者によっては、学生の存在が迷惑だと感じる人もいるし、好意的に思う人もいる。このような関係を知った

うえで利用者とのコミュニケーションを図り、利用者との人間関係を円滑にすることができるのである。また、突然、テーブルに向かい合って話をしましょうと言っても、関係がつくれるわけではない。関係づくりの一つの方法として、日常生活の支援をしながら、あるいはクラブ活動やレクレーション等に共に参加しながら、利用者に自分を知ってもらうことも重要である。

利用者の生活環境が把握できた頃から、どんな利用者を受け持ちたいのか、その根拠を明確にし、希望を実習指導者と相談し決定するとよい。実習指導者は教員と連携をとり、介護実習Ⅰで学生がどのような課題をもって実習に来ているのか、あるいはどのような実習経験をしてきているのかなどの情報を得た後、学生が希望する利用者の妥当性について判断をしなければならない。

②受け持ちの利用者へのアセスメント、介護計画の立案、実施する段階（2～3週目）

受け持ちの利用者が決まり、学生自身が自分の知識や技術を駆使しながら介護過程の展開が行われる段階である。このとき、学校で決められている用紙の書式に沿って利用者の情報を得ようとするのではなく、自分の頭のなかに「利用者のこんな面を把握したい」というものをもっていなければならない。自分のもっている観察内容に沿って情報を得るときに注意しなければならないことは、自分の観察から得た客観的な情報だけで「その人らしさ」という個別を把握することはできないので、利用者の気持ちや思い、考えといった利用者の主観も同時に情報として得ることである。利用者とのかかわりをもちながら行わないとこの情報を得ることはできないので、1週目での利用者との関係づくりを大事にする。そして、ここで得た情報からアセスメント、介護計画の立案、実施を行うのである。

利用者は介護職だけではなく栄養部門や医療部門などさまざまな専門職との連携によって、介護サービスを受け生活が継続できている。したがって、情報を得る場合、ケアマネジャーが作成するケアプラン（居宅サービス計画・施設サービス計画）も参考にすることを忘れてはならない。

〈計画例：実習2～3週目〉
▶受け持ち利用者のアセスメント、介護計画、実施ができる
・受け持ち利用者の情報収集をする
・受け持ち利用者の情報を整理し、アセスメントする
・介護計画（介護目標、介護方法）を立案する
・介護計画に基づき実践し、結果から利用者の反応を把握する
・記録の整理をする
・チームの一員としての役割を認識する
▶多職種との連携ができる
・多職種の説明を聞き、業務内容を把握する

・受け持ち利用者にかかわる多職種への情報の提供や収集をする
③計画した内容を評価し、場合によって修正する段階（3週目以降）

　この計画でよいのだろうかと不安を抱えるが、自分の得た情報からアセスメントし、立案した介護計画に沿って介護を実施できることは嬉しいことである。しかし、一度立てた計画が完成ということはなく、人は日々変化しているし、介護の必要な利用者は加齢による変化や認知障害による変化などがある。介護計画は利用者の変化に対応していかなければならず、アセスメントや介護計画は常に修正が必要である。また、介護職は利用者について家族との関係、さらに、この段階では個別ケアだけではなく、複数の利用者が参加できる集団のレクレーションの企画ができるようになることも求められる。また、介護福祉士という専門職として職業倫理、チームの一員としての認識をより高める段階でもある。

〈計画例：実習3～4週目〉
　　・実施した介護支援について評価、修正をする
　　・集団へのレクレーションを計画し実施する
　　・介護福祉士としての職業倫理、チームの一員としての責任を果たす
　　・介護の必要な人を取り巻く家族、地域とのかかわりを知る

2　介護過程の実施

1）アセスメント

　アセスメントとは介護の必要な高齢者あるいは障害のある人の全体像をさまざまな視点から把握し、そこで得られた情報からどのような介護が必要か（課題）を判断し、それはなぜなのかその根拠を明確にすることである。つまり、得た情報を解釈し、関連づけて統合することである。

①情報の収集

　介護計画を立案するためにはアセスメントが不可欠である。アセスメントの第一歩は利用者の状況を把握すること、つまり情報の収集である。1週目で利用者とじっくりとかかわり、学生自身がもつ視覚、聴覚、知識、触覚、嗅覚、勘を総動員して「観察」を行う。「観察するとは、自分の目の前にあるものに対し、それが表現している事実をありのままに見て、周りの状況や相手の思い、考えといった真意を素早く察知すること」である。観察は単に「watch：見守る」するのではなく、「observe：特別の目的のために見る」ということで、先入観や偏見をもつことは好ましくない。

　表4－1、4－2、4－3は利用者を観察するときの資料である。なぜそのような観察が必要なのかの理由が記載されている。施設に入所している利用者の観

表4－1　利用者に関する「基本的な情報」とその必要性

項　目	必要な理由
1　氏名	「おじいさん」「おばあさん」ではなく、人格をもったひとりの人間としてとらえる。利用者は自らの名前に誇りをもっており、正しい呼び名で呼ぶことが大切
2　性別（男・女）	一般的に男女は身体的にも精神的にも異なる特徴があり、さらに社会的・文化的に役割が異なることもある。他の基本情報と重ね合わせることで、その人となりを理解する鍵となる
3　生年月日／年齢	生年月日は、利用者が生まれ育った時代の政治・経済の動向、当時、流行した文化・風俗等利用者が影響を受けながら生きてきた道程を知る手がかりになる。年齢は発達段階を示すため、人生のどのステージにいるのかを知る。また、エイジング（加齢）とともに起こるさまざまな出来事・変化を予測する
4　サービス開始時期・サービス利用に至った理由	サービス利用の開始時期、利用の背景、利用は本人の意思か家族の勧めか、本人は納得しているのかいないのか等を把握し、生活への影響に配慮する
5　要介護度・認知症高齢者の日常生活自立度・障害高齢者の日常生活自立度　など	加齢や疾病による状態の変化に伴い、区分変更が必要な場合がある
6　家族構成・家族関係・キーパーソン	家族の有無、同居家族、家庭内における人間関係について把握し、生活への影響に配慮する。本人との信頼関係が最も強く、また、職員との連絡や相談が可能な人（キーパーソン）を把握する
7　利用者と家族の内面的感情	利用者と家族がお互いにどのような思いを抱いているのかを把握する。感情のずれがある場合は、調整方法を検討する
8　地域の環境・活動　／　現住所または入所前の住所	住んでいた（住んでいる）地域の様子、なじみの関係などを知る手がかりとなる。商店街・住宅街・農村地など、利用者が生活していた地域の特徴を把握する
／　近隣との付き合いまたは入所前の近隣との付き合い	近隣とはあいさつ程度の付き合いなのか、親しくしている決まった人がいるのか等、社交性や人間関係について把握する
／　地域での活動または家庭で行っていた活動	町内会や老人会、そのほかの地域行事（お祭り等）への参加、家庭内の行事（墓参り、誕生日）など、地域や家庭における、参加・役割について把握する
9　生活歴	利用者が歩んできた人生を知る。人とのかかわりのなかで表現される言葉や動作、表情には、生活歴・教育歴・職業歴などが影響する

出典：介護福祉士養成講座編集委員会編『新・介護福祉士養成講座9：介護過程』中央法規出版　2009年　p.22

察は、その場にいる状況だけの観察では「その人らしさ」まで把握をしたとはいえない。利用者の年齢、生活歴、家族、住んでいた地域、趣味、人生観、入所理由などのさまざまな情報を得ることで個別性をより把握することができる。観察が不足と感じたらそのような情報も参考にするとよい。高齢で介護の必要な人は、急に年をとって介護が必要になったわけではない。老いをどのように準備し、何を生きがいとして、どのようなことを生活の張りとしてもっているのか、また、

表4-2 人生(Life)に関する情報

項　目		必要な理由
1　意欲・生きがい		「生きがい」とは、生活のなかで、自分でなければならない役割と責任があることをいう。それによって生きることに張り合いをもつことができる
2　安らぎ		施設での生活においても、利用者個人がやすらぐことのできる場所や時間を確保する必要がある
3　楽しみ	趣味や特技	アクティビティは人の遊び心をくすぐり、自分から何かをやろうという自発性を発揮する動機になる。環境が変化しても利用者が活動を諦めずに継続できるよう支援が必要である
	嗜好品	酒やタバコなどの嗜好品は、QOL（生活の質）の面から考えると、残された人生を本人の希望するように生きるために必要である場合もある。一方で、健康面への影響も考え、利用者と十分に検討する
	行事・催し物への参加	施設では、誕生会やお彼岸、お正月、盆踊り、亡くなった人の弔いなどさまざまな行事や催しが行われている。これらの行事への参加の有無は、その人の価値観の表れとも考えられる。参加している場合は、利用者同士の人間関係も観察する
4　憧れや夢		介護が必要な状態になっても、自分だけのために、自由に時間を使うことができる。利用者の能力に目を向け、向上心、夢、未来設計、学習意欲、好奇心を把握し、支援する
5　誇り・価値観		誰もが長い年月を生きてきた歴史をもっている。どのようなことを誇りに思っているか、どのような価値観をもっているかを把握し、敬意を払い、尊重する姿勢が大切である
6　自己決定		人は、どのような状況でも、自らの意思で自らの生活の方向を選択したいと思うものである。たとえ自分の意思を言葉で表すことができなくても、ほかの手段を用いて伝達できる可能性を把握する
7　他者とのかかわり（社会的役割）		高齢の利用者の場合は、加齢による感覚器、特に聴覚や視覚機能が低下するため、テレビや新聞などから情報を得ることや人間関係を築くことに困難をきたす。他者とかかわる際に有効な手段を把握する
8　利用している制度		福祉制度は、利用者の生活を支えるものである。現在、どのような制度を利用しているかを把握し、その過不足について検討する
9　経済状況		生活上で不足しているものなどから経済的に困っていることがないかを把握する

出典：介護福祉士養成講座編集委員会編『新・介護福祉士養成講座9：介護過程』中央法規出版　2009年　p.23

死をどのように考えているのかなどの人生観あるいは死生観についても把握する必要がある。

　しかし、学生は利用者の情報のすべてを手に入れることができるわけではないことも理解する必要がある。情報のなかには第三者に対して公開できない情報も存在する。学生が利用者の情報を得ることは、専門職として守秘義務や服務規程の遵守など、専門職としての責任の重さも同時に学ぶ機会にもなる。受け持ち利

表4－3 暮らし（Daily）に関する情報

			例
1	ADL	姿勢	立位、端座位、座位での姿勢は安定か否か　など
		移動、身じたく、食事、排泄、入浴における各動作	自分でできるのか、補助具など環境を整えればできるのか、家族や介護職などの介助があればできるのか、全介助が必要なのか　など
		睡眠	困っていること、してほしいことはないか　など
2	ADLの行為に関するこだわり	生活に影響を及ぼしているこだわり	移動、身じたく、食事、排泄、入浴等についてのこだわりはないか　など
3	暮らしにおける危険	室内・室外の生活環境	手すり、段差、スロープ、階段　など
4	IADL	食事の支度、薬の管理、身の周りの整理整頓、入浴の準備、洗濯、居室の掃除、ごみだし、火の始末、金銭管理、外出、買い物、電話の対応、読み書き	自分でできるのか、補助具など環境を整えればできるのか、家族や介護職などの介助があればできるのか、全介助が必要なのか　など
		施設内の電化製品の活用	電気ポット、テレビ　など
5	視覚や聴覚	視覚に支障はないか	新聞の文字が見える・読める、カレンダーの文字が見える、部屋や時計の文字が見える・読める　など
		聴覚に支障はないか	補聴器を使っている、大きな声で話すと聞こえる、テレビやラジオの音声が聞こえる、電話の音が聞こえる、電化製品の電子音が聞こえる　など
		コミュニケーションの状況	コミュニケーション障害の有無、有効なコミュニケーション手段、自ら話しかけるなど、コミュニケーションの特徴　など
6	病気	疾患	病名、通院している病院・医院、診察時期　など
		処方されている薬	内服薬、座薬、点鼻薬、点眼薬、パップ剤、軟膏類　など
		病気に関する思いや感じていること	自分で感じている具合の悪いところ、病気への不安や落ち込み　など

出典：介護福祉士養成講座編集委員会編『新・介護福祉士養成講座9：介護過程』中央法規出版　2009年　p.24

用者を決める際、公開できない情報の有無については実習指導者、学生、教員との検討が必要であろう。得た情報は忘れないうちに所定の記録用紙に記載し、解釈、分析するときの資料とする。ICF（国際生活機能分類）の生活機能・背景因子を活用して情報を収集することなどもある。

②情報の解釈・関連づけ・統合化と課題

　情報を得て次に行なうことは、どのような介護が必要であるのかを判断することである。まず、所定の記録用紙に記載した内容を眺め、情報と情報がどのように関連しているのか、このままではどのような状況になる可能性があるのか、原因は何処にあるのか、それを解決するためには何をどのように行うかを判断できなければならない。情報をただ眺めているだけでは何も出てこないので、①健康

状態が悪化するような点はないか（生命の安全）、②日常生活の自立、継続できていない点はないか（生活の安定）、③その人らしく生活できていない点はないか（人生の豊かさ）という観点で意図的に眺める方法もある。

情報の解釈・関連づけ・統合化の例を次に示した。

〈情報の解釈・関連づけ・統合化（例）〉

> 情報：①食事時に姿勢が悪い、②せっかちな性格で焦って食べる、③介助なしでも自力で摂取できる、④90歳、⑤総義歯があっていない
>
> 　①～⑤の情報は食事に関する情報である。5つの情報を用いてアセスメントしてみる。情報と情報がどのように関連しているか。関連づけるためにどのような知識が必要か。5つの情報の関連づけ、知識を統合してみると、「食事時に姿勢が悪く、せっかちな性格で焦って食べる、義歯が合っていないことから誤嚥する可能性がある。誤嚥は90歳という加齢による嚥下力や咀嚼力の低下も考えられる。現在、自力で食事摂取できているため、機能を低下させないように、咀嚼力、嚥下力、水分補給ができているのか見守りの介護が必要（課題）である。また、咀嚼に入れ歯が適合していることは重要なので家族との相談も必要である」と、必要な課題も導くことができる。

2）介護計画の立案

アセスメントの次は、利用者の望む生活に近づけるための計画を立案する。アセスメントで課題が明確にできた場合、目標を設定し、目標を達成するための支援内容、支援方法を具体化するのが介護計画である。

①目標

利用者の生活における目標は、利用者の望む生活に向け一定期間で実現できる設定にし、介護職の一方的な押し付けにならないようにする。目標は長期目標と短期目標と分けて設定することがある。期限を区切って考えるのは、目標の達成状況や日々変化する利用者の状況に目標が適切であるかを評価するためにも必要なことである。短期目標は3か月単位で、長期目標は6か月から1、2年に区切っている。介護における目標は利用者の状況から判断していくことであり、学生が自分の実習期間に達成できるものを立案するものではなく、主体は利用者である。

②支援の内容・方法

目標の設定の次は、その目標を達成するための具体的な支援内容と支援方法を計画する。介護計画は複数の介護職が一人の利用者にかかわるため、職員間の共通認識が必要であり、そのために誰もが支援できるように支援方法が記述されて

いる。介護内容は、一人ひとりの介護職が介護を提供する際の行為を指す。介護行為には直接ケアを実施するものから見守り行為もあり、何をするのか具体的に立案しなければ、共通したケアサービスの提供は不可能である。いつ、どこで、どのようにするのかを記述する。また、それらは「〜を説明する」「〜を確認する」「〜を観察する」「〜と連絡する」「〜を実施する」「〜を見守る」などと記述し、支援時の留意点等が介護職の誰が見ても、同じ介護行為で行動できるようにする。学生が立案する介護計画も具体的に記述をすることは同じである。

3）介護過程の展開例

収集した情報を整理するための用紙は省略するが、各養成校で決めている書式（例えば、ICFを用いたツールや自分の学校の先生が作成した項目など）を使用することができる。表4－4は、情報と情報を関連づけて課題（必要な介護）を導き、それをどのような計画で行なうのかの思考のプロセスを事例で示したものである。

表4－4　介護過程の展開例

①アセスメント

情　報	解釈・関連づけ・統合	課題（必要な生活支援）
①鈴木ハナ　80歳　女学校卒 ②高血圧性の脳梗塞により右半身麻痺 ③降圧剤を服用中、血圧の平均140/100（mmHg） ④「施設の味付けは薄くて、食べた気がしない」	1．②③④より 　食事の味付けに不満を言葉で表出しているが、脳梗塞と血圧管理のため薄味食の継続は必要である。また、加齢による味蕾感覚の低下により味付けが薄いと感じていることも考えられる。しかし、一般に高齢者の食習慣や嗜好は長年にわたって培われてきたものであり、嗜好の改善は難しいと考える。食事は生命や健康の維持のみではなく楽しみを得ることや人との交流の機会でもある。	薄味の必要性の理解を求めつつ、情緒的な安定や楽しみなど精神面への働きかけにより「食の満足感」が得られるようにしていく必要がある。
⑤夜間の排泄はポータブルトイレとなっているが、コールを鳴らさず一人で車いすに乗りトイレで転倒したことがある ⑥施設内の生活に慣れてきた様子であるが、自分のしたいことや要望などは自分から言わない ⑦職員に対し「皆さん忙しそうでなかなか声をかけられない」と言う ⑧便秘で下剤服用中 ⑨二人部屋	2．⑤⑥⑦⑧より 　夜間に一人でトイレに行き転倒したことがあり、夜間の排泄には注意が必要である。夜間に一人でトイレに行った理由は明らかではないが、自分の要望をなかなか訴えない状況や、「忙しそうでなかなか声をかけられない」という言葉から、職員に声をかけられなかったという可能性も考えられる。鈴木さんは麻痺があり、夜間の一人行動は危険が伴う。また、加齢による腸蠕動低下、あるいは運動量の低下、食事摂取量の関係かは不明であるが便秘の傾向があるため、排泄を我慢しないようにする必要がある。また、同室者への遠慮も考えられる。	排泄リズムを観察しつつ、排泄の希望（トイレで行ないたいのか）を確認し、できるだけ希望に沿った排泄ができるように支援する。

②介護計画

介護目標	支援内容
1．満足した食が得られるようにする	1）食事中の表情や言動、食事の摂取量の変化を観察する。 2）食事終了後、摂取量を見て、メニューや味付け等についての感想を聞く。 3）仲のよい利用者と同じテーブルに席をセットし、一緒に食事をする。

		4）介護職のゆったりした行動や音楽を流すなど、リラックスした楽しい食卓を演出する。 5）脳梗塞の再発予防と血圧管理のために薄味が良いことを、ねぎらいの言葉を交えながら押し付けにならないように説明する。
2．安全に移動し、排泄ができるようにする		1）夜間一人でトイレに行くことの危険性について、日常会話からきっかけをつかみ、協力を得る。 2）排泄の時間、間隔を観察し、排泄リズムをつかみ、介護職の方から声かけをする。介護記録として残す。 3）夜間一人でトイレに行く理由を尋ねる。希望の排泄場所、方法についても尋ねて確認をする。 4）希望をふまえ、夜間のトイレ支援を再考する。 5）筋力、座位、起立時のバランスを確認する（医師、ＰＴに依頼する）。 6）介護職がこれまでに行なってきた移動方法を確認し、本人の認識と行動を照合する。 7）現在できている動作を継続できるように、医師またはＰＴにメニューを作成してもらい、移動動作に取り入れる。

ワーク4−1　アセスメントをしてみよう！

特別養護老人ホームに入所している68歳の女性Ｆさん。若年性アルツハイマー病と診断を受け、入所２年目を迎える。夜間失禁がみられ、寝巻きを脱いで寝ているようになった。日中は定時の誘導によってトイレで排泄している。要介護３。排泄に関するアセスメントをしてみよう。

ワーク4−2　アセスメントをもとに長期・短期目標を立ててみよう！

Ｆさんのアセスメントをもとに、長期目標、短期目標を設定してみよう。

長期目標：

短期目標：

第４章　介護実習Ⅱ・介護総合演習の展開

4）介護計画の実践と留意点

　介護を行う際は、立案した計画に沿って実践することを心掛けなければならない。介護計画の支援内容で自立支援をあげているのに、実践時に自分の技術の不安から全介助で支援するようなことがあってはならない。介護は利用者のもっている力を最大限に発揮できるように支援することである。また、直接利用者にケアを実施する際は、無言のままもくもくと実施している学生はいない。支援内容には盛り込めない、本人の思い、考え、感情などといった心理面を同時に観察しながら実施している。また、ケアを通して利用者の心理面を把握しながらコミュニケーションをとっている。このケア場面で学生は、介護に対する考え、あるいは生活支援技術、尊厳や価値観など、紙面上では表現できない部分を体験することができる。

　支援の際は事故防止や感染予防には注意が必要である。そのためには、技術の熟練は欠かせない（例えば、片麻痺の人へのさまざまな場でのトランスの仕方など）。

　介護職には、「見守り」という用語の介護行為がある。それは前述したobserveを指し、見守りの必要な根拠を介護の視点から明確にしている。例えば、ある利用者が介助なしで食事をすることができる場面を想起する。介護職は自立を妨げてはならないので、見守りという介護行為を実施する。

　介護者は、見守りの必要な利用者ほど「アクシデント」や「ヒヤリ・ハット」が起きやすいことを知識としてもっている。介護者のもつ知識は「加齢による嚥下力、咀嚼力の低下」などの身体機能の低下といった一般的な内容と「義歯が合っていない」「食事時の姿勢が悪い」「せっかちな性格で焦って食べる」などの利用者の個別性を関連づけたものである。介護者はそうした知識に基づきながら利用者が誤嚥しないか、咀嚼力、嚥下力は十分か、水分補給もしているかなどの見守り行為を行っているのである。

　実施した内容は介護記録として指定用紙に記述する。その際は、実施した内容や介護職が客観的に観察した内容だけではなく、実施した際の利用者の反応（表情、動作、ことば、感じていること、考えていることなど）についても記述する。

5）介護計画の評価・修正

　実施内容は必ず評価が必要である。評価する視点は、介護計画に沿って実施しているのか、介護内容が具体的であるのか、短期目標、あるいは長期目標のどの段階にいるのかなどについて行う。評価はある決まった時期に行われることもあるし、利用者の状況が変化したときに行われるときもある。カンファレンスや事例検討会において行われることもある。その結果、計画が継続できるものや修正

の必要なもの、新たに情報が入り、再アセスメントの必要なものなどを判断することができる。

　評価は自分の介護内容について行うことであるが、利用者の反応も確認せず、一方的な支援を行っていながら、「利用者の個別に合った良い計画であった」という評価をしてはならない。計画に沿って実施した際の発する利用者のことば、表情、動作などの反応をしっかり把握することで、適切な評価ができるのである。

3　介護実習Ⅱの評価

　ここでの評価と介護過程の評価との違いははっきり区別しなければならない。介護過程における評価が利用者とのかかわりのなかで自分が行った介護について評価をするのに対して、実習での評価は自分自身と向かい合い、客観的に自分を眺め、変化したことに気づくことである。具体的には数週間の実習がどのような意義があったのか、どのように自分自身が成長することができたのか、どのような課題が残っているのかなどである。実習に行く前に立てた自分の目標に沿って評価をすることでもよい。

　実習では、利用者や実習指導者とのかかわりのなかで、机上では学習できない多くのことを学ぶことができる。自分が学んだことを自覚するためには、自分のことばで文章化する必要があり、その点からも評価することは重要である。

ワーク4-3　実践・評価をしてみよう！

実践した支援内容を具体的に記述し、評価してみよう。

●参考文献●

[第2節　介護実習Ⅱの方法]
・介護福祉士養成講座編集委員会編『新・介護福祉士養成講座9：介護過程』中央法規出版　2009年
・大川弥生『「よくする介護」を実践するためのICFの理解と活用』中央法規出版　2009年

第5章 介護実習施設・事業所等の概要と実習の視点

1 介護施設（入所型）の実習の視点

1　介護施設での実習のポイント

　介護施設（入所型）で学ぶべき項目は多岐にわたり、実習にあたってはポイントを絞り、目的をもった学習を行うことが臨まれる。

　多くの学生は、他の人と共同で24時間の生活をする体験は少ないであろう。諸般の事情から、入所施設で生活をする高齢者、障害者（児）（以下、利用者）の生活がどのように営まれ、介護福祉士の果たす役割と支援内容から学びを深めてほしい。

1）根拠法を学ぶ

　介護施設は、介護保険法、老人福祉法、障害者自立支援法などの法律により規定され位置づけられている（特定の施設を除く）。根拠法を学び、その施設の目的と役割を理解することにより、入所している利用者の抱えるさまざまな課題を知ることができる。その課題を解決するためには、介護福祉士と多職種との連携のもとで、利用者の生活がどのように営まれているかを理解し、自立支援への取り組みがどのように行われているのかを学ばなければならない。

2）介護施設で暮らすことの意義

　介護施設（入所型）で暮らす人は、さまざまな理由により施設での生活を選択している。可能であれば自宅で暮らし続けることを願う人が多いであろう。例えば、認知症により自宅での生活が困難になった要介護者が、生活への不安からより認知機能の低下を進行させることがある。一人で暮らすことは困難であっても、常に誰かが見守っていることにより、安定した生活を取り戻すことは可能である。また、核家族化に伴い、過去には多くの日本の家庭でみられた家族による介護機能が低下している。一人で要介護者を支え、仕事と介護に疲弊し、悲惨な介護事故につながる事例もみられる。このような事例から考えてみても、介護施設（入所型）の果たす役割は大きい。

3）生活への支援

実習は、入所している利用者の一人ひとりの「生活の場」がそこにあることを知ることから始まる。

入所施設には、さまざまな精神的、身体的な障害を抱える人が暮らしている。その一人ひとりに適した介助方法を用い、介護職員によって支援されている。それは、ただ単に身体的な介護（三大介護といわれる、入浴・排泄・食事）のみを指すのではなく、人として豊かな時間を提供するように努力がなされている。

その一例として、介護施設（入所型）で取り組まれる日課のなかに、レクリエーション、季節行事（例：ひな祭り、花見、墓参り等）が活発に取り入れられていることがあげられる。さらに、日々の暮らしのなかで、利用者自身が行っていたことを役割として担ってもらう。役割を得ることで、利用者は施設のお客様ではなく、自分自身の主体的な生活の場をつくっていくことができる。「自分が主体的に生きていく」という思いを抱けるように、介護職員の生活への支援は幅広く行われる。

生活支援は、生活全体をさまざまな視点からみることが大切である。

4）安心して暮らし続けるための支援

介護施設（入所型）には、多様な職種が連携して入所者の生活を支援している。

自宅での生活が難しくなる理由の一つに、日常生活の困難さをあげることができる。ADL（日常生活活動）の低下に伴い、僅かな段差で転倒をしたことをきっかけに、生活への不安を増大させていき、再度の転倒を恐れ「閉じこもり」になるという事例はよくみられる。

一人で暮らす、または高齢者のみで暮らす人たちには生活への不安が常につきまとい、その不安の原因の一つとして頼りになる人が存在しないことがあげられる。

施設での生活には、制約はあるものの多様な職種が連携をして、利用者への生活支援が行われている。介護職が医師、看護師、理学療法士、作業療法士、栄養士等と連携をとりながら、多様な場面での支援を行うことで、日常生活での暮らしづらさや不安を軽減させていく。介護施設で利用者が安心して暮らし続けるためには、多様な支援が必要であることを学んでほしい。

5）地域とのつながり

昨今の介護施設（入所型）は、市街地のなかに建設される施設もみられる（かつての入所施設は、市街地から離れた地域に建設されることも多かった）。地域から遠く離れた施設に入所することで、施設入所は隔絶された印象を持たれてき

た経緯がある。住み慣れた地域での入所施設であれば、家族や友人の来訪もしやすく、ADLの向上により自宅への復帰も可能である。

施設が地域のなかに入り込むことによって、施設がその地域の中心拠点となっていくことが重要である。

施設と地域が密接な関係を結ぶことで、例えば、地域の多数のボランティア（小さな子どもも含めて）が施設に出入りすることで、施設が地域の中心拠点となっていくことが可能になる。そこから施設が特別な場所ではなく、地域住民にとり身近な「場」となっていくことで入所している利用者にとっても、生活の「場」が変わっているだけで、地域に住み続けているという実感を得られるであろう。

2　介護老人福祉施設（特別養護老人ホーム）

1）施設概要と利用者の理解

①施設概要

介護保険法では介護老人福祉施設と呼ばれ、老人福祉法では特別養護老人ホーム（特養）と呼ばれている。介護老人福祉施設での実習にあたっては、以下に掲げる2つの施設形態があることを理解して臨んでほしい。

▶旧型特別養護老人ホーム

指定介護老人福祉施設（特別養護老人ホーム）の設置及び運営に関する基準に従い、要介護者の心身の状況等に応じて適切なサービスを提供するとともに、自らその提供するサービスの質の評価を行い、サービスを受けるものの立場に立ってこれを提供するように努める施設である（介護保険法第87条）。

▶新型特別養護老人ホーム

「個室・ユニットケア」が原則である。利用者の居室は完全個室で個性とプライバシーが確保され共同空間で交流する。1ユニット10人以下とし、居間兼食堂・台所を囲む。利用者一人ひとりの希望、身体状況などに応じた、日課に左右されないケア体系の構築をめざす。ホテルコスト（光熱費などの居住費）が徴収され、利用者負担金は増加する。

②利用者の理解

介護老人福祉施設（特別養護老人ホーム）への入所基準は、要介護1～5の要介護認定を受けた人である。

介護保険制度は、第1号被保険者（65歳以上）および第2号被保険者（40～64歳）に年齢区分される。第2号被保険者は、16種類の特定疾病[*1]に該当した人が要介護認定を受けられる。老化に伴う疾病のほかにがん末期の人も該当する。すなわち、「介護老人福祉施設（特別養護老人ホーム）」といいながらも、下は40歳

> *1　特定疾病
> 主な疾患として、初老期の認知症（アルツハイマー病、脳血管性認知症など）、脳血管疾患（脳出血、脳梗塞など）、パーキンソン病他を合わせ16種類が政令により定められている。

からの人が入所でき、上は100歳を超える人まで一つの施設のなかでさまざまな世代の利用者が入所している。また、最近の傾向として、利用者の重度化と何らかの認知症症状がある利用者の増加が顕著である。

　こうした背景のなか、旧型施設も新型施設も利用者一人ひとりを見すえた介護（ユニットケア）に取り組んでいる。たとえ旧型施設において、設備面の不整備や人員基準の差などがあろうともできる限り、ユニットケアをめざした介護が提供されるように努力されている。決められた日課に応じたケア、集団ケアに取り組むだけではなく、利用者一人ひとりの心身状況や社会状況に応じ、生活の質を高めるケアに取り組んでおり、やがては「在宅への復帰」をめざして、利用者一人ひとりにケアプラン（施設介護サービス計画）を作成し、介護実践をしている。つまり、介護老人福祉施設（特別養護老人ホーム）は、すでに「終の棲家」ではないのである。

　また、利用者の負担金は、食事代金と居室代金の実費負担が科せられるようになり、増加した。ますます、利用者や家族、および第三者の評価が大切になり、それぞれの施設で「介護の質」が問われている。こういった実践の場で実習する学生の取り組み姿勢や態度も、施設評価や利用者評価に反映されることを肝に命じて実習に取り組んでほしい。

2）利用者と介護職員の1日

①旧型特別養護老人ホーム（介護老人福祉施設）

　旧型特別養護老人ホームの利用者の居室は4人部屋、6人部屋が多く、利用者は1日の日課を基本として生活をしている。施設行事やレクリエーションは、集団での参加がみられるが、最近では、限られた条件のなかでユニットケア、個別支援に取り組む施設が多くなっている。

　表5-1には旧型特別養護老人ホームの1日を例にあげ、利用者の1日と介護職員の業務内容を示した。施設の職員は利用者の1日の生活に付き添いながら介護を行っているため、職員の勤務のローテーションには「早番」「日勤」「遅番」「夜勤」などがある。

表5-1 旧型特別養護老人ホーム（介護老人福祉施設）の1日（例）

時　刻	利用者の1日の生活	介護職員の業務内容とローテーション
6:00	起床 整容	排泄介助（極力おむつをつけない努力をしている） 着脱介助（寝具→私服へ） モーニングケア（洗面、洗髪、髭剃り、お化粧、入れ歯装着など） 移乗、移動介助（車いすなどへ移乗し食堂へ）
7:30	朝食	食事準備、配膳、手洗い介助、食事介助、投薬介助、口腔ケア、居室など誘導、排泄介助
8:40		朝礼ミーティング（日勤者、看護師など全職種集合）
10:00	入浴：利用者の移動形態に応じ（歩浴・中間浴・寝浴）	入浴係（中洗い役、着脱役、誘導役、ドライヤー役など）
	レクリエーション 水分補給	レクリエーション（ラジオ体操、嚥下体操など） 水分補給対応係、居室清掃、シーツ交換、洗濯係
12:00	昼食	食堂へ誘導、食事準備、配膳、手洗い介助、食事介助、投薬介助、口腔ケア、居室など誘導、排泄介助
14:00	入浴：利用者の移動形態に応じ（歩浴・中間浴・寝浴）	入浴係（中洗い役、着脱役、誘導役、ドライヤー役など）
	クラブ活動	生け花、書道、カラオケ、手芸、園芸など（地域の方やボランティアの協力も大切）
	定例行事 個々ケアプラン活動 機能回復訓練	喫茶店、売店、散髪 散歩、読書、コミュニケーション、機能回復訓練、役割（おしぼりたたみなど）の提供援助、その他
15:00	おやつ 水分補給	おやつ介助 水分補給
16:30		排泄介助 夕礼ミーティング（夜勤者、日勤者、看護師）
18:00	夕食	食堂へ誘導、食事準備、配膳、手洗い介助、食事介助、投薬介助、口腔ケア、居室など誘導、排泄介助
21:00	就寝	着脱介助、投薬介助、就寝介助 定期巡回、体位交換、定期排泄介助 雑用（タオルの取り替え、入れ歯の洗浄、その他）、随時交代で仮眠・記録物の記入、その他
	＜職員ローテーション＞ 早番　6:00～15:00 日勤　9:00～18:00 遅番　12:00～21:00 夜勤　17:00～翌10:00	

②新型特別養護老人ホーム

　基本的に利用者は、日課や職員の業務に左右されない日々を過ごしている。ここでは、利用者の意思を尊重するための、介護職員に関する勤務体制の一例を示すことでユニットケアをイメージしてほしい（1ユニットごとのローテーション体制の一例）。

表5-2 新型特別養護老人ホームの1日（例）

時刻	夜勤 17:15～翌9:15	早番 7:00～15:30	A勤 8:00～16:30	C勤 10:00～18:00	遅番 12:00～20:30
5:30	排泄介助				
6:30	着替え、洗面介助				
7:00	朝食介助	着替え、洗面介助			
8:00	洗面介助 片付け	朝食介助、片付け 排泄介助	入浴準備 排泄介助		
9:00	昼のご飯炊き ミーティング	昼のご飯炊き シーツ交換			
10:00	業務終了	ミーティング 居室清掃 洗濯	ミーティング 入浴介助	ミーティング 日誌記録 排泄介助	
11:00		昼食準備 昼食介助	昼食準備 昼食介助	昼食準備	
12:00	夜勤はひとり平均2ユニットを担当	片付け	片付け	口腔ケア	昼食介助
13:00		自由時間（利用者の散歩、付き添い、要望などケアプラン活動）	入浴 洗濯 風呂掃除	排泄介助	片付け 入浴介助
		業務終了			
15:30				ティータイム準備 片付け リネン類の補充 居室清掃	自由時間（利用者の散歩、付き添い、要望などケアプラン活動）
17:00	ミーティング	利用者の希望をかなえるため、複雑な勤務体制を取り入れる	業務終了	寝具交換 夕食準備・介助 業務終了	ミーティング 夕食介助 片付け 口腔ケア 着替え、排泄介助、ごみ出し 業務終了
18:00	夕食介助				
19:00	片付け				
20:00	洗面、着替え、排泄、就寝前投薬		夜間入浴や個別入浴も検討	利用者に付き添える体制づくり	
21:00	清掃				
23:00	記録、翌日の準備、巡回、仮眠				

3）観察の視点と実習項目

①観察の視点

　介護保険施設では、一人ひとりの利用者に対してケアプラン（施設介護サービス計画）が立てられている。その中心を担っているのは、介護支援専門員（ケアマネージャー）である。介護老人福祉施設（特別養護老人ホーム）における介護支援専門員の役割として、利用者のアセスメント、ケアプランの立案、モニタリングなどがあり、随時ケアカンファレンスが開催されている。それ以外にも、利用者の要介護認定更新申請、要介護認定調査の代行、レセプト[*2]などの業務がある。

　ケアカンファレンスでは、介護福祉士、生活相談員、医師、看護師、栄養士、

*2 レセプト
　保険医療機関、介護保険施設などにおいての報酬明細書のことをいう。介護保険施設においては、個々の利用者に対し、介護報酬請求書を作成し、国民健康保険団体連合会に請求する事務をいう。

理学療法士、利用者本人、家族やボランティアなどのインフォーマルな関係者も参加し、チームを組んでケアプランに基づいた日々の介護を実践している。スタッフは、利用者一人ひとりに作成されたケアプランを根拠とし、介護実践に取り組んでいる。また、大切なのは、計画を実施しての評価の視点であり、ケアプランは、利用者の状態の変化などにより、常に見直しをされていくものである。

また、日々の介護活動を実践する中心職員は介護福祉士であり、介護福祉士は利用者にとって一番身近な存在である。そのため、介護福祉士のケアカンファレンスでの発言や姿勢こそが重要である。

以上に掲げたように、介護福祉士をめざす学生としての視点で、利用者一人ひとりに対するケアプラン活動における実践や評価にかかわる介護福祉士の姿勢をしっかり観察してほしい。

②実習項目

介護老人福祉施設（特別養護老人ホーム）は、利用者にとって「生活の場」であるという視点をもっていただきたい。介護福祉士の仕事は、利用者に身体介助、三大介護（食事、入浴、排泄）を提供することだけではない。利用者は生活者であるから、介護老人福祉施設（特別養護老人ホーム）で生活するうえでの、生活支援も介護福祉士の仕事である。例えば、部屋の掃除、シーツ交換、衣類の洗濯、各種修繕などもさることながら、利用者の金銭管理、身の上相談、買い物の代行なども必要である。こういった行為を真摯に受け止めて実践する姿こそ、利用者の信用を得る行為である。

各実習の取り組み内容は、大きな括りで分ければ、①施設を理解すること、コミュニケーションの実践、②生活支援技術全般の習得、レクリエーションの企画実践、③介護職員業務全般の習得（夜勤も含め）、受け持ち利用者を選定しての介護計画の立案、実践、評価などが到達課題となる。新カリキュラムにおいては、各介護福祉士養成施設において、それぞれの学校の特色をいかした実習が展開されている。

介護（技術提供時）の三大原則は、「安全」「安楽」「自助」である。何もかも手を差し出すことが介護ではない。利用者の現存機能をいかすためにさまざまな知恵や工夫を提供し、利用者の生活の質が向上できることこそが利用者や家族、介護福祉士の喜びなのである。

「利用者一人ひとりの日々の生活の質を向上させるにはどうすべきか」ということを常に考え、問題意識をもって実習に励んでほしい。

3 介護老人保健施設

1) 施設概要と利用者の理解

①施設概要

　老人保健施設は、1986（昭和61）年の老人保健法改正により創設されたものであるが、介護保険法の施行以後、介護保険法に基づく介護老人保健施設となった。開設するには地方自治体・医療法人・社会福祉法人などが、都道府県知事の開設許可を受ける必要がある。

　介護老人保健施設で提供されるサービスは、利用者に対して「施設介護サービス計画に基づいて、看護、医学的管理の下における介護及び機能訓練その他必要な医療並びに日常生活上の世話を行う」(介護保険法第8条) ものとされている。介護老人保健施設は、急性期治療終了後の時期において、治療よりも家庭復帰のために、リハビリテーションや介護を中心に、家庭復帰と自立支援をめざして医療ケアと生活ケアの両方を提供することで病院と家庭をつなぐ中間的なケア施設である。多くの老人保健施設では、入所だけでなく居宅サービスとして通所リハビリテーションや短期入所療養介護も実施されている。

　なお、2005（平成17）年にユニット型個室の介護老人保健施設が生まれ、「個室・ユニット」化がすすめられている。ここでは療養室のほかに共同生活室（利用者が生活と交流を行う場所）を設け、一人ひとりの意思および人格を尊重し、相互の社会的関係と自律的生活の支援を目的としている。2008（同20）年、サテライト型小規模介護老人保健施設（本体施設とは別の場所で運営する定員29名以下のもの）や医療機関併設型小規模介護老人保健施設（病院または診療所に併設された定員29名以下のもの）、医療費適正化計画のもと療養病床から転換した夜間看護体制や看取りの対応体制の整った介護療養型老人保健施設が生まれた。

②利用者の理解

　介護保険の要介護認定で、要介護1～5の要介護状態と認定された65歳以上の高齢者および40～64歳の特定疾病によって要介護状態にある人で、症状が安定期にあってリハビリテーションや看護、医学的管理や日常生活介護が必要な人が入所している。そのため医師は常勤であり、理学療法士らが配置されているという特徴がある。

③施設の現状

　厚生労働省の「介護給付費実態調査（平成21年11月審査分）」によると、介護老人保健施設は、全国で3,654施設が設置され、施設在所者数は32万4,300人である。入所期間は原則3か月であるが、2007年9月現在で、「平成19年介護サービス施設・事業所調査結果」によると平均在所期間は227.6日であった。在所者は15万

3,863名が85歳以上の方で全体の54%を占めている。A施設の場合、入所時の疾患等は脳血管障害が約40%、認知症が約30%、骨折（骨粗鬆症、大腿骨骨折）が約15%、在宅介護困難が約15%である。医療処置や車いすが必要な利用者も多く、平均要介護度は2.5〜3.5が多い。退所後は特別養護老人ホーム入所が約60%、入院（胃瘻手術・がん治療）が約40%で、在宅復帰となる方が少なくなっているという（約10%の割合になっている）。特別養護老人ホームへの入所は待機期間が長く、その間に体調を崩し入院となる場合や、さらに遠距離介護や老老介護、単身の子が親をみるシングル介護、同居家族の就労、家族間の人間関係悪化から家庭復帰が進まない現状がある。

2）利用者と介護職員の1日

　介護職員の業務内容は表5－3のとおりである。リハビリテーションの補助・介助やレクリエーション支援と日常生活の支援が主な業務といえる。具体的にいえば、食事、排泄、入浴、更衣、着脱衣、整容、移動、洗濯などの利用者の生活に直接かかわる介護がある。また、リハビリテーションやレクリエーション、生活に気持ちのゆとりをもたらす季節の行事、園芸、絵画等のクラブ活動をはじめ、

表5－3　介護老人保健施設の1日（例）

時　刻	利用者の1日の生活	介護職員の業務内容
5：00	起床、洗面、排泄、更衣等の後食堂へ	朝食準備、洗面（髭剃りなど）・排泄・更衣介助、食堂へ誘導、朝食準備、排泄記録記入
7：30	朝食	配膳・下膳、食事介助、服薬確認、記録記入、居室誘導、食堂清掃
8：30	整容・歯磨き、排泄	朝礼、申し送り、整容・口腔ケア、排泄介助、各種記録記入とまとめ、ごみ回収
10：00	個別リハビリテーション、体操、回診、通院	個別リハビリテーション、体操の補助・介助、居室・廊下清掃、ベッドメーキング、水分補給、通院介助、記録記入
11：00	排泄等の後食堂へ	昼食準備、排泄介助、手洗い介助、食堂へ誘導
12：00	昼食 歯磨き、排泄	配膳・下膳、食事介助、服薬確認、記録記入、居室誘導、食堂清掃 口腔ケア、排泄介助、排泄記録記入
13：00	集団リハビリテーション・行事、音楽療法	集団リハビリテーション、体操の補助・介助、行事の準備・身辺介助、ホールへ誘導、指導補助・介助、記録記入
14：00	入浴・清拭	浴室へ誘導、着脱・入浴介助（清拭）
15：00	おやつ	摂食・身辺介助、摂取記録
16：30	散歩・読書など 排泄	外出・身辺介助、申し送り、詰所清掃、ごみ回収、夕食準備、排泄介助、手洗い介助
18：00	夕食	配膳・下膳、食事介助、服薬確認、記録記入
19：00	排泄、歯磨き、更衣、就寝前薬服用	排泄介助、口腔ケア、更衣介助 服薬介助、与薬、水分補給、洗面用具消毒
21：00	就寝（消灯）	排泄介助、体位変換、巡回、記録記入
0：00 2：00		ナースコール対応、排泄介助、体位変換、巡回、記録記入、洗濯整理、仮眠（交代）
4：00		排泄介助、体位変換、巡回、記録記入

※　ナースコール対応と水分補給は、利用者の状況に応じ随時行われる。

買い物や話し相手などの利用者への支援のほか、住環境の整備であるベッドメーキングや居室・廊下の清掃も必要な支援の一つである。さらに介護日誌や個別記録などの記録類への具体的なサービスの内容の記入（パソコンへの入力）は介護保険法にも明記されており、介護の連続性のための資料と根拠になる重要なものである。そのほか、家族を対象とした利用者の家庭復帰へ向けての介護指導や各種会議・研修会などへの出席も大切な職務である。

　日々の介護業務で大きな比重を占めるのは日常生活を支える介護である。例にあげた施設の排泄介助は、利用者の排泄状況と睡眠時間にあわせトイレ誘導・介助、おむつ交換、ポータブルトイレ排泄介助などの方法を適宜選択して、随時も含め一人あたり1日8回程度行われている。入浴はスケジュールを決めて、一般浴・機械浴とも毎日行われており、一人あたり週に2回以上入浴できる体制である。食事は7時30分、12時、18時から、保温配膳車や食器を使用し、適時・適温で提供している。

3）観察の視点と実習項目

　すでに述べたように、老人保健施設の利用者は、症状が安定期にあり、リハビリテーションや看護、医学的管理が必要な病弱で寝たきりの人や日常生活介護が必要な認知症の人が入所している。そのため、介護内容においてもリハビリテーションの視点がいかされている。日常生活動作のなかにどういったかたちで取り入れられているのか、実習指導者の動きを観察するとともに、自立支援や励ましにつながる声かけや喜びの共感の様子を学ぶことが必要である。

①病弱な寝たきり高齢者の介護を学ぶ

　病弱な寝たきり高齢者が介護対象であるため、介護職であっても医療職との連携が特に重要視される。日常生活のなかで健康管理に伴う介護がどのように行われ、食事、排泄などのADLへの介護が利用者の障害状態とどのようなかかわりがあるのかを学ぶ。ADLの向上と、家庭復帰に必要なリハビリテーションとその支援のために、利用者の小さな変化を見落とさず観察する力を養う。また、リハビリテーションや行事、音楽療法など各種プログラム活動に利用者個々の意思を尊重した参加への促しや声かけの方法、体調や能力などをもとにした支援の必要性について学ぶ。さらに、普段はあまりみられない緊急時においても、介護職や看護師をはじめとした医療職との連携とその役割、連絡の流れについて、まず実習指導者から指示を受け行動した後で、観察したことを記録して学ぶ姿勢が必要である。

②コミュニケーションを学ぶ

　老人保健施設に入所している利用者は、脳血管性障害を主訴としている人が多い。言語障害や認知症のため、多くの場合、言語的コミュニケーションに問題を抱えていることを理解する。利用者が何をどう障害されている状態なのかを確認

し、利用者に対し適切な方法を選択してコミュニケーションを図ることが重要である。そのために、利用者の行動や生活歴、興味をもった事項などを注意深く観察し、各種のコミュニケーション技法を用いて対応する。利用者理解につながるコミュニケーションは、介護の基本である。

③実習に学ぶことと心構え

生活の場でもある施設に立ち入り実習するため、利用者に承諾と協力を得る姿勢が必要である。次にプライバシーの尊重や人権についての認識をもち、利用者の生活を保障していく態度で学ぶことが大切である。

実習は、日々の目標をもって臨み、その目標に対する実践内容、考察、反省、課題を文章にして、実習のふり返りと実践の確認をしながら学ぶ。

生活支援技術の実践は、基本に忠実になり安全、安楽を考慮して行い、自己判断で行動をせず注意深く学ぶ必要がある。また、学生として、医療職の多いチームケアのなかでの介護福祉士の役割と責任について理解をして行動する。

実習においては、価値観が人によって違いがあることを理解し、実習着は私服とは違うため清潔に美しく着用し、笑顔や言葉づかい、態度に注意を払い不快な印象をもたれないようにする。また、介護の際に必要で移動させた物品は定位置へ戻す、破損や汚損は直ちに実習指導者に報告をするなどのマナーに心がける。

最後に、実習中に知り得たすべての事柄は、実習指導者への報告や実習カンファレンスの場を除き、いかなる場合でも口外しない守秘義務があるため、細心の注意を払う必要がある。

4　養護老人ホーム

1）施設概要と利用者の理解

①施設の概要

養護老人ホームは、老人福祉法により「65歳以上の者であつて、環境上の理由及び経済的理由により居宅において養護を受けることが困難なもの」（第11条第1項第1号）を「入所させ、養護するとともに、その者が自立した日常生活を営み、社会的活動に参加するために必要な指導及び訓練その他の援助を行うことを目的とする施設」（第20条の4）と位置づけられている。

入所申し込みをする際には、市町村の相談窓口へ行き、申し込み事由などの調査を受け、入所判定を経て市町村の措置によりに入所することが確定される。

老人福祉法が見直されたことにより、従来、養護老人ホームへの入所措置の対象者として掲げられていた、「身体上、精神上の理由」が削除され、「65歳以上の者であって、環境上の理由および経済的理由により居宅において養護を受けるこ

とが困難なもの」と改められた。また、利用者が自立した日常生活を営み、社会的活動に参加するために必要な指導および訓練その他の援助を行うことが目的に加えられ、利用者が要介護等の状態になった場合の介護保険サービスの利用が可能となった（2006（平成18）年4月1日施行）。

養護老人ホームの設備及び運営に関する基準第16条（処遇の方針）によると、「養護老人ホームは、入所者について、その者が有する能力に応じ自立した日常生活を営むことができるように、その心身の状況等に応じて、社会復帰の促進及び自立のために必要な指導及び訓練その他の援助を妥当適切に行わなければならない」とされている。

それらに伴い、職員配置基準、業務内容、設備基準等を見直すとともに、養護老人ホームのソーシャルワーク機能の強化や高齢者虐待防止法の成立をふまえた新たな加算項目の設定等が次のように行われるようになった。

「養護老人ホームに対する事務費及び生活費の支弁基準額の認定、各種加算に係る認定等については、これまで都道府県等において実施していたが、平成17年度からの保護措置費国庫負担金の一般財源化に伴い、当該事務については、養護老人ホームが所在する市区町村の長が行うこととなった」（厚生労働省「平成18年全国厚生労働関係部局長会議資料」）

2）利用者と介護職員の理解

①入所背景

養護老人ホームへの入所の背景としては、貧困（万引き・無年金・生活保護受給者など）、家庭崩壊、アルコール依存や薬物依存、精神疾患などにより生活に支障をきたしている人、親との死別、親世代の世代交代などによるものがあげられる。

生活空間は2人部屋などでの生活となり、和室などの用意もあるため、敷畳・襖・押入れなどの扱いにも慣れておく必要がある。

ベッド上で身体介護を受けながら生活することは少ないが、入所年数が長くなることで、身体能力が低下するなど自宅へ帰ることできない場合に、介護保険サービスを受けながら生活を続け、介護保健施設への入所待ちをしている現状がある。

表5-4　老人関係施設の施設数・定員・在所者数の年次推移

	2000（平成12）年	2003（平成15）年	2004（平成16）年	2005（平成17）年	2006（平成18）年	2007（平成19）年	対前年 増減数	対前年 増減率(％)
施設数	949	959	962	964	962	958	△4	△0.4
定員(人)	66,495	66,970	67,181	66,837	66,667	66,375	△292	△0.4
在所者数(人)	64,026	63,833	63,913	63,287	62,563	62,406	△157	△0.3

資料：厚生労働省「平成19年社会福祉施設等調査結果の概況」より作成

表5－5　養護老人ホームの年中行事と毎月の行事

年中行事	毎月の行事
1月：初詣・新年祝賀会	・誕生会
2月：節分	・ボーリング
3月：雛祭り・彼岸供養	・輪投げ大会
4月：花見会	・園外買物など
5月：園外レクリエーション	
6月：一泊レクリエーション	
7月：七夕祭	
8月：納涼祭・盆供養	
9月：敬老祭・彼岸供養	
10月：園外レクリエーション	
11月：文化祭	
12月：クリスマス・忘年会	

資料：「社会福祉法人清友会　養護老人ホーム若草園」施設紹介より作成

表5－6　養護老人ホームの1日とクラブ活動

7：30～	朝食	クラブ活動
	活動	・音楽クラブ
12：00	昼食	・美術クラブ
13：00	活動	・書道クラブ
～	入浴（週3～4回）	・華道クラブ
18：00	夕食	・ゲートボールクラブなど

資料：表5－5に同じ

②サービス提供内容

養護老人ホームのサービスとして、次のものがあげられる[1]。

・生活相談は、生活相談員、担当支援員、看護師、食事に関しては栄養士が中心となり、生活するうえでの不安や悩みを解消し、より良い生活ができるよう職員一同が協力して相談業務を行っている。
・健康管理においては、嘱託医が診察・治療・投薬などを行うとともに、看護師による診察の補助、介護士による生活支援としての健康管理が行われている。体調不良者がでたときは別室で看護が受けられる。また、医療体制としては地域の病院と連携をとっており適切な医療サービスが受けられるようになっている。また、利用者の健康診断も年2回実施されている。
・費用負担は、利用者の所得に応じて負担額が決定される。
・特定施設入居者生活介護としての機能も持ち合わせている施設があり、要支援・要介護の認定を受けた利用者との契約によって介護サービスの実施を行っている。
・年中行事や毎月の行事としてイベントやレクリエーションの企画、クラブ活動の支援を行っている。

外部サービス利用型特定施設入所者生活介護を実施している施設では、居宅サービス事業者との委託契約をして、利用者に必要な介護サービスは受託居宅サービス事業者が行っているところもある。

訪問介護、訪問看護、通所介護等、介護保険サービスを利用した際の費用は、1割の自己負担分から費用徴収階層の支弁割合[*3]で調整した金額で決定される。

＊3　支弁割合
　費用徴収階層1～39階層（39階層の対象は全額自己負担）に示された割合で市町村から施設に加算として費用が支払われること。

3）観察の視点と実習項目

①観察視点

　環境や心身の状況をふまえながら日常生活の行動パターンを把握しておく必要がある。そして日常生活を営むことができるかどうかについて常に配慮していく。繰り返し、なおかつ忍耐強く生活指導を行うことが必要となる。

　具体的には、生活歴からの背景などを把握したうえで、あいさつの有無や身の回りの整理整頓、不潔なままで過ごしてはいないか、押入やタンスなどに不潔な物をしまい込んではいないか、服装を変えないままでいないかなどの清潔保持や身だしなみ、経済観念などを注視しながら生活指導を行う。

　また、レクリエーションや作業などは社会性や対人関係を支えるうえで大きな役割をもっている。本人が興味をもっていることや興味を示したものなどを選ぶことにより本人の可能性を引き出し、目的意識をもって計画的に実施できるように進めていくことが大切である。

②生活歴からの背景

　前途したように、利用者には多種多様な入所背景があり、人によっては、路傍の人のように扱われてきた時代を生きてきた人もいる。

　これまでの抱えてきた困難や苦労などの生活背景の理解とその気持ちの理解に努めることが求められる。また、そのような扱いから、社会から見放されている、見捨てられたなどと完全に疎外されたという思いがある。しかし、社会とはつながっていたいという気持ちも捨ててはいない。

　相手に言われた言葉が心に残っているように、自分の言った言葉は相手に届いていることを念頭におくべきである。

　誰も自分に声をかけてくれないという受け身ではなく、時には自分を出さなければ相手からもかえってこない場合もある。相手に語り続け、応えることで相手と向き合えることにもつながる。

③実習項目

　入所時や外出後、面会時などの際のアルコール類、危険物の持ち込みなどには十分に気をつけなければならない。

　また、内服薬などを使用することで生活に支障がないレベルにコントロールができており入所している場合もある。しかし、手渡ししたというだけでは服用せずにゴミ箱に捨ててしまったり、ポケットにしまって飲み忘れたりすることがある。そのため内服薬が正しく服用されているかなどについては徹底した管理が求められる。

　そして、相談援助や仲裁役が業務の大半を占めるため、双方の話を聞き、調整役としての能力を養うことが求められる。

注意しなければならないことは日常生活用具を使って自殺を図ろうとしたり、利用者同士に恋愛感情が芽生え、親密な関係になり嫉妬が現れる場合も少なくないため、あらゆる場面を想定して危険予知能力を高めておくことと、緊急時の対応についても一人ひとりが行動に移せるように勉強をしておくことが重要である。

5　ケアハウス・特定施設

1）施設概要と利用者の理解

①施設の概要

　ケアハウスとは、老人福祉法による老人福祉施設である軽費老人ホームの一つの種類で、低額な料金で、家庭環境、住宅事情などの理由により居宅において生活することが困難な人が入所しており、日常生活上必要な便宜を供与する施設として位置づけられている。

　軽費老人ホームは、老人福祉法第20条の6により、「無料または低額な料金で、老人を入所させ、食事の提供その他日常生活上必要な便宜を供与することを目的とする施設」と位置づけられており、本人または配偶者が60歳以上の人が利用対象となっている。

　軽費老人ホームには、生活相談、入浴サービス、食事サービスの提供を行うとともに、車いすでの生活にも配慮した構造を有する「ケアハウス（C型）」を主として、他に食事の提供や日常生活上必要な便宜を供与する「A型」、自炊が原則の「B型」がある。入所形態は、A型とB型は措置入所、ケアハウスは契約型となる。

　2008年（平成20）年6月以降に開設（増築または全改築を含む）された軽費老人ホームでは従来のB型のような自炊型はなくなり、食事が提供される。

　ケアハウスは、介護保険上の指定を受ければ特定施設としての機能を果たすことが可能な施設となる[2]。

　特定施設の具体的な種別には、軽費老人ホーム、ケアハウス、有料老人ホーム、高齢者専用賃貸住宅があり、これらのなかで介護保険対象となる人員配置や事業内容など種々の要件を満たすことにより「特定施設入居者生活介護」事業者と名乗り、介護サービスを提供することができる。

　ここではケアハウスを重点に実習ポイントを述べる。

　ケアハウスは原則として60歳以上で自炊をすることが難しいことと身体機能の低下が認められ、また居宅において一人暮らしするには不安があり、家族による支援を受けることが困難な人が入所できる。

　夫婦であればどちらかが60歳以上であるならば申し込みができ、夫婦部屋もしくは個室を選択することができる。

入所条件としては、日常生活に介助を必要としない人、介護保険を利用して自立した生活が維持可能な人である。入所条件に所得制限はないが、入所する際は保証金を預ける。これは、退所する時に居室の現状修復費などに利用され、残金は返却される場合がある。また、月々の利用料金は利用者の前年度収入階層区分によって変わり、国の基準により規定されている事務費（人件費）・生活費（食費等）と、管理費（家賃）が徴収され、その他として居室の光熱費（水道・電気料金）や冬季暖房費が生活費に加算される。

　介護保険による認定を受けた利用者であれば、介護支援専門員によるケアプランにより在宅サービスを受けることが可能であり、訪問看護や訪問介護、通所ケアなどに通い、リハビリなどの介護給付を利用したサービスを受けることもできる。例えば、食事の配膳・介助、入浴の介助、居室の清掃・洗濯、通院の介助、買い物の介助・代行などのサービスを受けることができる。ただし、介護給付費の1割は利用者負担となる。

表5-7　老人関係施設の施設数・定員・在所者数の年次推移

	2000（平成12）年	2003（平成15）年	2004（平成16）年	2005（平成17）年	2006（平成18）年	2007（平成19）年	対前年 増減数	対前年 増減率(%)
施設数									
軽費老人ホーム（A型）	246	242	243	240	234	233	△1	△0.4
軽費老人ホーム（B型）	38	34	34	33	32	31	△1	△3.1
軽費老人ホーム（ケアハウス）	1,160	1,566	1,651	1,693	1,750	1,795	45	2.6
定員（人）									
軽費老人ホーム（A型）	14,642	14,233	14,183	14,015	13,698	13,605	△93	△0.7
軽費老人ホーム（B型）	1,818	1,578	1,601	1,547	1,467	1,450	△17	△1.2
軽費老人ホーム（ケアハウス）	45,272	61,563	65,167	67,032	69,160	71,312	2,152	3.1
所在者数（人）									
軽費老人ホーム（A型）	13,698	13,388	13,296	13,153	12,827	12,622	△205	△1.6
軽費老人ホーム（B型）	1,380	1,221	1,168	1,080	1,053	955	△58	△5.5
軽費老人ホーム（ケアハウス）	40,990	57,152	61,215	63,240	65,715	67,601	1,886	2.9

資料：厚生労働省「平成19年社会福祉施設等調査結果の概況」より作成

②利用者の理解

わが国は長寿国であることと併せて健康寿命も世界のなかで高いことが知られており、高齢者の健康についての意識調査においても「健康である」と考えている人は、アメリカ、ドイツ、フランス、韓国を抜いて64.4％を占めている[3]。また、1日あたりの趣味・娯楽を楽しむ時間についても30年前と比べると増加しており[4]、健康を自覚し、活動的な高齢者が多くなってきていることがわかる。

ケアハウスの利用者は、自宅において自立した生活を送ることに不安がある人や家族による支援を受けることが困難な人であるが、自分らしさと生きがいをもち続け生活を送ることを望んでいることは言うまでもない。利用者はやすらかで充実した老後の生活を送ることができるように生活拠点をケアハウスに移しているのである。

2）利用者と介護職員の理解

①入所背景

ケアハウスは、高齢者住宅が少なかった時代において、今でいう介護付き高齢者専用賃貸住宅の先駆けのような施設であった。

機能的には特定施設の有料老人ホームと大差はないが、軽費老人ホームであるために利用料には違いがあることを理解しておく。

ケアハウスには、さまざまな背景をもった人が入所申込に訪れる。家庭環境や住宅事情の問題を抱えた生活保護受給者や低所得で一人暮らしが困難な人、介護保険が始まってからは要介護者も入所していることも知っておかなければならない。このように、今後も多種多様な入所理由を抱えた人々がケアハウスの利用を希望してくることを理解しておく必要がある。

②サービス内容[5]

職員の配置は、施設長、相談員、介護職、栄養士、調理員、事務員などとなっている。ケアハウス運営要綱に定められ、利用料金に含まれる生活支援サービスは、下記のようなものがある。

▶**相談・助言**

施設で日常生活を営むうえでの心配事、相談事などを相談員が中心となって受ける。利用者の家族への助言や医療機関などへの連絡業務も行う。

▶**食事の提供**

嗜好や健康状態に留意した食事や季節によるイベントに合わせた行事食などを提供している。

▶**入浴の提供**

男女別の浴場が設置されている。心身の状況に応じた適切な方法で入浴ができる。入浴は週4回程度、シャワーは随時利用できる場合がある。使用後は入

所者にも清掃の協力を得られるように働きかける。

▶保健・衛生・健康管理

毎日の食事摂取量などの摂取状況観察、把握や体調などの観察、定期的な血圧・体重測定など実施することで健康な日常生活を維持できるように努める。

▶趣味・教養・娯楽活動への協力

出前、外出、外食、各季節による行事やイベントへの参加希望を募り支援していく（表5-8「その他」参照）。

地域によっては自転車や自家用車などの持ち込みが許可される場合もある。

▶金銭管理

本人あるいは家族が行なう。

▶緊急時の対応

緊急時の対応では、急病や怪我などの緊急を要する場合には日中・夜間を問わず職員が対応、長時間にわたる場合には家族の協力も必要となる。

表5-8　ケアハウスの年間・月間行事等（例）

年間行事	月間行事	その他
1月：新年祝賀会、初詣	・入所者運営懇談会	・床屋
2月：節分	・誕生会	〈趣味活動〉
3月：雛祭り	・お茶会	・切り絵教室
4月：お花見	・選択食	・料理教室
7月：七夕	・各種クラブ活動	・手芸
8月：納涼祭	・避難訓練	・コーラス
9月：敬老会		
10月：秋のドライブ		
11月：文化祭		
12月：そば打ち、クリスマス、餅つき		

資料：「社会福祉法人清栄会　ケアハウスきたうら」パンフレット、「社会福祉法人みずほ　ケアハウスうらやす」パンフレット、「社会福祉法人豊潤会ケアハウスハウスフル踏青園」パンフレットより作成

表5-9　ケアハウスの1日と週間予定（例）

時間	利用者の1日の生活	利用者の週間予定
8：00	朝食	月：リハビリ体操、カラオケ
9：00	体操	火：買い物
10：00	日課	水：リハビリ体操、卓球
12：00	昼食	木：健康チェック、作品づくり
15：30	入浴	金：買い物
19：30	シャワーは入浴以外でも使用可能	土：リハビリ体操、映画鑑賞
18：00	夕食	

資料：表5-8に同じ

3）観察の視点と実習項目

①利用者の心を解明する

　ケアハウスに入所を希望する理由の一つとして家族との関係があげられる。ケアハウスの利用者のなかには、家族と気兼ねない良好な関係を保ち続けるために入所する者も少なくない。

　利用者にとって子どもが心の支えとなっていることには変わりはないが、子どもや孫との付き合い方について「ときどき会って食事や会話をするのが良い」と回答した割合が増加傾向にあり、以前に比べるとより密度の薄い付き合い方でもよいと考える高齢者が増えていることがうかがえる[6]。高齢者の意識も時代と共に変化してきているのである。

　高齢者の意識の変化は、社会の変遷や価値観の多様化が関係していると考えられる。ケアハウスの利用者の理解を深めるためには、知識や技術を増やし、社会の変遷や価値観の多様化に対応できることが求められる。

　また、利用者の心を理解すると同時に、利用者のもつ予備能力などが低下することがないように環境を整えたり、廃用性症候群とならないためにADL、IADLに対して予防的な介護の視点をもって支援していくことも重要である。

②コミュニケーション

　人生経験を積んだ方々が入所していることを念頭に置いてコミュニケーションを図らなければならない。利用者が生活をしてきた背景を知るためには利用者との会話のキャッチボールができることが求められる。

　また、時代変遷による社会や文化の変化や郷土の歴史や風習などについて多岐にわたる情報を知っておく必要がある。そして、利用者との会話から教えられることもたくさんあるため、知恵袋を引き出す能力も支援者には求められる。

　「～をしたら喜んでくれた」「ありがとう」と言ってくれたことが嬉しかったというだけで実習を終わらせてはいけない。

　言語的コミュニケーションとしては、敬語だと思って使った言語が命令形に近い言葉であることもしばしば見受けられる。

　例えば、トイレ介助の際に「手すりにつかまって立ってください」といった「～してください」という表現を相手の心身の状況に合わせ、また相手の持っている能力を充分に発揮し、協力が得られるよう場面に応じて使い分けたい。

　身振り、姿勢、表情、視線、声のトーンなどは相手を理解するための手がかりであり、会話だけではなくそうした非言語的コミュニケーション（第6章参照）も大切にしたい。

　孤独や不安な状況に置かれている時に、人は笑ってその事柄をごまかそうとしたり、納得できなくても感謝を表してその場をおさめようとすることがあること

を体験し、理解をしておく必要がある。

そのことが利用者にとって本当に喜んでいた、感謝してくださったことなのかを見極める力と感取する力を身につけなければ利用者理解にはつながらないことを肝に銘じて実習に臨むことが大切である。

6 障害者支援施設（旧身体障害者療護施設）

1）施設概要と利用者の理解

①施設概要

障害者自立支援法の施行に伴い、2006（平成18）年9月29日の厚生労働省告示第587号で、実習施設として「障害者自立支援法に規定する障害者支援施設（主として身体障害者が利用するものに限る。）」と規定され、同年10月1日より適用された。障害者支援施設とは、障害者自立支援法第5条第12項で「障害者につき、施設入所支援を行うとともに、施設入所支援以外の施設障害福祉サービスを行う施設（のぞみの園及び第1項の厚生労働省令で定める施設を除く。）」とされている。従来身体障害者福祉法で規定されていた身体障害者更生施設、身体障害者療護施設および身体障害者授産施設は、障害者支援施設に含まれる。これらの施設は、障害者自立支援法における介護給付の区分の一つとして位置づけられた。

障害者自立支援法では2011（平成23）年度末までの間を経過措置期間とし、障害の状態やニーズに応じた適切な支援が効率的に行われるように、障害種別ごとに分立した33種類の既存の施設や事業体系を、6つの日中活動に再編することになっている。旧制度において身体障害者療護施設に入所している利用者の約9割は、日中は障害者自立支援法の介護給付における「生活介護」*4を利用し、夜間は施設を利用するものと考えられている。

厚生労働省は「障害者自立支援法における就労支援と障害福祉計画」（社会・援護局障害保健福祉部、2006年4月26日）において、「地域生活支援」と「就労支援」を掲げ、2011（平成23）年度までに、居住系サービスを利用している施設入所者等の人数を22万人から16万人に削減する数値目標を発表した。削減される6万人はグループホームやケアホームへの移行をすすめる予定である。

なお、障害者支援施設の種類が多岐にわたるため、ここではそのうちでも最も施設数が多く、介護福祉士の実習施設として頻繁に利用されている旧身体障害者療護施設について詳述する。

旧身体障害者療護施設は、他の身体障害者福祉施設に比べて、外部からのボランティアの受け入れが多い。その内容は、掃除や庭木の剪定からレクリエーション活動の指導や利用者の外出支援まで、施設における日常生活のあらゆる場面に

> *4 生活介護
> 障害者自立支援法における介護給付のうちの一つ。「常時介護が必要な障害者」で①障害程度区分が区分3以上（入所の場合区分4以上）、②年齢が50歳以上の場合は区分2以上（入所の場合区分3以上）に該当する者を対象としている。主として昼間において、「入浴、排せつ又は食事の介護、創作的活動又は生産活動機会の提供」などが行われる。

までおよんでいる。学校関係ばかりではなく、地域住民に向けても開放されている施設が多い。利用者自身が多様なニーズを抱えており、また活動的な生活を送っているため、利用者の生活支援のためのマンパワーとしてもボランティアは重要な役割を担っている。

②利用者の理解

利用者の状況については、近年「障害の重度化・重複化」と「利用者の高齢化」の傾向が著しい。2004（平成16）年3月に出された「平成15年度身体障害者療護施設実態調査報告書」によれば、身体障害者手帳等級が1級の者が71.7％、2級の者が26.8％を占めている（表5-10）。

また、身体障害とあわせて知的障害や精神障害が重複してある利用者も多い。さらに、利用者の年齢別の状況は、50～59歳が32.1％、40～49歳が18.2％、60～64歳が17.7％を占め、平均年齢は52.4歳となっている（表5-11）。このことからも、利用者の障害の重度化と高齢化がみてとれる。

利用者の起因疾患別障害分布の状況は、「脳性麻痺」が37％「脳血管障害」が24％と多く、次いで「脊髄損傷」「頭部外傷」といった順である（表5-12）。1999（平成11）年度からは「筋萎縮性側索硬化症（ALS）」患者の受け入れも行われるようになり、厚生労働省が指定している「特定疾患」[*5]や介護保険法で指定されている「特定疾病」に該当する障害者も増加しつつある。障害が重度化・重複化していくことにより、医療的ケアを必要とする利用者も多くなってきている。

表5-10　利用者の障害等級分布状況

手帳等級	人数	構成割合（％）
1級	15,773	71.7
2級	5,882	26.8
3～6級	330	1.5

出典：全国身体障害者施設協議会調査研究委員会編「平成15年度身体障害者療護施設実態調査報告書」全国社会福祉協議会　2004年

表5-11　利用者の年齢別の状況

年齢	人数	構成割合（％）
20歳未満	63	0.3
20～29歳	1,080	4.8
30～39歳	2,469	11.0
40～49歳	4,069	18.2
50～59歳	7,155	32.1
60～64歳	3,957	17.7
65～69歳	2,273	10.2
70～79歳	1,114	5.0
80歳以上	84	0.4

出典：表5-10に同じ

表5-12　利用者の起因疾患別障害分布の状況

起因疾患	人数	構成割合（％）
脳性麻痺	8,212	37.0
脳血管障害	5,403	24.0
脊髄損傷	1,572	7.0
頭部外傷	1,276	5.8
特定疾病	628	2.8
特定疾患	528	2.3
リウマチ	360	1.6

出典：表5-10に同じ

*5　特定疾患
現在、厚生労働省では特定疾患治療研究事業対象疾患として、ベーチェット病やパーキンソン病、筋萎縮性側索硬化症など56疾患を指定している。2009（平成21）年度末現在、64万7,604人が医療受給者証の交付を受けている[7]（難病情報センター（http://www.nanbyou.or.jp））。

2）利用者と介護職員の1日

　旧身体障害者療護施設では、食事時間や入浴時間など全体にかかわる事項以外では、特に定時介助を規定していない施設が多い。その理由として、利用者は個々に障害の種類や程度が異なり身体状況もそれぞれであるため、起床時刻や就寝時刻、車いす上での生活可能時間まで、個別に細かく考えながら支援する必要があるためである。また、利用者自身がニーズを表現することが多く、個別性を重視した支援が求められている。

表5−13　旧身体障害者療護施設の1日（例）

時　刻	利用者の1日の生活	介護職員の業務内容
6：00	起床、洗面	起床介助、更衣介助、移乗介助、排泄介助、洗面介助、髭剃り介助など
8：00	朝食	食事介助、歯磨き介助 食堂やトイレ、居室掃除
10：00	クラブ活動、各種訓練 例）①障害者スポーツ 　　　シーティングバレー、 　　　フライングディスク、 　　　ボッチャ 　　②文化的活動 　　　俳句、園芸、陶芸	クラブ活動の運営、クラブ活動参加者への介助、各種訓練時の援助
12：00	昼食	食事介助、歯磨き介助、排泄介助、移乗介助
14：00	入浴	入浴に伴う移動・着脱・洗体・整容介助、入浴しない利用者への介助
18：00	夕食	食事介助、歯磨き介助、排泄介助、就寝介助
22：00	消灯	夜間巡回：体位変換、排泄介助など

※　利用者個々に応じて、起床時刻は異なる。

3）観察の視点と実習項目

　旧身体障害者療護施設にはさまざまな障害をもった利用者が入所している。したがって、まずは利用者個々の起因疾患をよく理解したうえで介助することが必要である。しかし、同じ障害であっても個々でその身体的・知的状況は異なるため、利用者一人ひとりについて理解していくことが大切である。

　ここでは、旧身体障害者療護施設でよくみられる起因疾患である脳血管障害と脊髄損傷を例にあげ、具体的な観察の視点について述べる。

　脳血管障害では、脳梗塞やくも膜下出血などにより脳のある部位が損傷を受け、それにより身体的には左右いずれかに麻痺が出現していることが多い。また、失語・失行・失認といった高次脳機能障害がみられることもある。ただし、身体的な障害だけに着目したりADLの自立度のみを観察して介助するだけでは、利用

者自身が生活のどのような場面において「生活しづらさ」を感じているのか（本人が全く感じていないこともある）を理解することはできない。「起因疾患→身体的・知的状況→生活場面における状況」を関連づけて観察し、介助することが重要である。

　脊髄損傷では、脊髄の損傷部位により、身体の知覚・運動麻痺が出現する。それに伴い褥瘡や熱傷などの危険性が高くなることから、生活場面においても細心の注意が必要となる。また、起立性低血圧や呼吸機能・体温機能障害などがみられる場合も多い。「その起因疾患により、どのような合併症がみられるのか」を正しく理解したうえで、環境整備や生活リズムを観察し、介助することが必要である。

表5-14　観察の視点と実習項目

観察の視点	実習項目
障害者支援施設の独自性とは、何か。	・プライバシーの保護と利用者の羞恥心を理解し、同性介護を実践する。 ・生活のあらゆる場面において、「自己選択」「自己決定」を尊重する。
利用者個々の生活と行われている介護には、どのような意味があるのか。	・利用者の「起因疾患」を理解し、「身体的・知的状況」を関連づけて理解する。 ・「起因疾患」により起こり得る合併症の危険性を理解し、環境整備や生活リズムを観察し介助・援助する。 ・利用者の「身体的・知的状況」と「ADL・IADLの状況」を関連づけて理解し、介助・支援する。

7　重症心身障害児施設

1）施設概要と利用者の理解

①施設概要

　重症心身障害児施設は、重度の肢体不自由と重度の知的障害が重複し、日常生活動作の大部分に介護を必要とする児童が入所し、児童福祉法（第43条の4）の規定による介護・生活指導・訓練を行う児童福祉施設と、医療を目的とした医療法に基づく病院の設備機能を併せもつ福祉施設である。18歳以上であっても重症心身障害児に限り児童福祉法（附則第63条の3）の措置で対応している。

　設備および運営については、医師・看護師・理学療法士または作業療法士・保育士・児童指導員・心理指導を担当する職員を配置している。また、病院としての機能、および入所児童の指導を行うための設備として、観察室・訓練室などを

設けなければならないとしている（児童福祉施設最低基準第72・73条）。

重症心身障害児施設の施設数は、公立28施設・法人立92施設・国立1施設・独立行政法人国立病院機構73施設で、合計186施設で施設数・ベッド数は減少傾向にある（2008（平成20）年4月現在、全国重症心身障害児（者）を守る会機関誌第616号）。

②利用者の理解

利用者は出生前・出生時・出生後の種々の原因により中枢神経系知能障害、運動障害を主病とした重複障害およびその他の疾患を併せもつため、障害の程度は個人差が大きい。障害により経管栄養・気管切開・人工呼吸器などの医療中心や、自力での食事・排泄・更衣・清潔・移動等困難、聴覚・言語障害があるため非言語的コミュニケーションを用いての会話など、大部分の日常生活動作に介護を必要とする。障害の程度に個人差はあるが、自覚症状や要求についての自己表現を理解することが容易ではなく、介護方法が難しい。

病態としては、けいれん、発熱、肺炎などをくり返す呼吸障害、骨折、てんかん発作、栄養障害、貧血、体温異常、脱水、感染症、褥瘡など生命管理が多く、自己管理できない状態がほとんどであり、医療管理、保護を必要とする。

重症心身障害児（者）は、障害が重く社会復帰の適応能力が極めて困難で、受け入れ施設が限られているという現状から高齢化問題もある。

2006（平成18）年4月から障害者自立支援法が施行され契約方式に変更となり、本人の意思確認ができない重症心身障害児（者）は措置制度の適用で入所を継続することになるが、意思表示が可能な重症心身障害児（者）本人、家族の希望により障害者支援施設へ移動するなど入所施設の選択も可能となった。

▶重症心身障害児（者）の分類

「重症心身障害児（者）」という用語や概念は、医学的というより社会福祉的要請に基づくもので、わが国独自の行政上用語である。旧厚生省により「知能指数35以下、また身体障害者程度等級表1級、2級の重複者」と定義している。実際には「大島の分類」[*6]（重症児の全体を捉えるために障害の程度をわかりやすくしたもの）が用いられる（図5-1）。大島の分類（区分1～4）の重症心身障害児（者）に相当すること、または区分5～9で「絶えず医療管理下におくべき状態」「障害の状態が進行性」「合併症を認める」の3条件のいずれかを満たせば重症心身障害児（者）とみなされる。

> *6 大島の分類
> 故大島一良医学博士（元東京都衛生局技監・元秋津療育園長）が利用者家族にもわかりやすいように作成したもので、府中療育センターの入所基準として使用されていたが、実用的であったことから汎用されるようになった。

図5-1 大島の分類

					知能(IQ)
21	22	23	24	25	80 (境界) 70
20	13	14	15	16	(軽度) 50
19	12	7	8	9	(中度) 35
18	11	6	3	4	(重度) 20
17	10	5	2	1	(最重度) 0
走れる	歩ける	歩行障害	すわれる	寝たきり	

運動機能

資料：東京都神経科学総合研究所「脳発達障害での運動障害」

2）利用者と介護職員の1日

内容は施設によって異なるが、表5-15を参考として引用する。

表5-15 重症心身障害児施設の1日（例）

時　間	利用者の1日の生活	介護職員の支援内容
6：00	起床、排泄、洗面、更衣 朝食、歯磨き 自由時間	布団上げ、排泄、洗面、更衣介助 食事介助、口腔ケア 個々の活動にあわせて援助
9：00	検温、入浴、更衣 ティータイム 個別活動、グループ活動 排泄	検温、入浴、更衣介助 ティータイム介助 個々の活動援助 排泄介助
12：00	昼食、歯磨き 自由時間	食事介助、口腔ケア 個々の活動にあわせて援助
14：00	個別活動、機能訓練 入浴、更衣、排泄	個々の活動援助、訓練送迎 入浴、更衣、排泄介助
15：00	ティータイム	ティータイム介助
17：00	夕食、歯磨き、排泄	食事介助、口腔ケア、排泄介助
18：00	個別自由活動 ティータイム 排泄、更衣	個々の活動にあわせて援助 ティータイム介助 排泄、更衣介助
21：00	就寝	布団敷き、移動介助、夜間適宜排泄介助、定期巡回（1時間ごと）

資料：「愛知県心身障害者コロニーこばと学園」の日課例

3）観察の視点と実習項目

重症心身障害児（者）施設は、医療（病院）・生活（家庭）・教育（施設・学校）の要素・機能を兼ね備え、それぞれの設備と専門職がお互いに連携を保ちながら配置されている。最近の施設の傾向としては、普通の暮らし、地域社会との交流への取り組みが多くなり、外出支援、宿泊旅行、買い物やイベント参加希望の外出など、個別性のある生活を実現するための支援が職員に求められている。

重症障害児（者）の療育[*7]、支援をするには、①日常のきめ細かな観察と健康管理、異常の早期発見、②個別に応じた身辺自立の指導と安全・安楽な日常生活介護の提供、③生活が豊かで意義あるよう会話やスキンシップ、視聴覚など多くの刺激の提供、④生活の充実のための環境設備や療育計画の創造と工夫、⑤残存機能の開発と心身の発達への支援などがあげられる。

同じ障害があっても、個々の能力や障害によりニーズは異なる。障害児（者）とのかかわりのなかで「生命の尊重」「人としての生き方」「人とのかかわりの大切さ」について理解を深め、知識としてではなく身をもって学ぶ場としてほしい。

①コミュニケーション

言葉を話せる利用者は少数であるが、相手の言葉を理解する能力はあり、指一本のわずかなサインで意思表示をする。また、微妙な反応・表情の変化で返事をするなど個々のコミュニケーション方法がある。短期間では難しいが注意深く観察し、個々のコミュニケーション方法を理解し受けとめることで、介護者の一方的な働きかけにならないようにする。日常生活介護のかかわりのなかで、氏名を呼んだときや声かけに対して利用者がどのような反応や行動を示すか、対象の理解を深める。さらに、利用者個々のさまざまなコミュニケーション方法を学ぶことにより観察の重要性を深め、よりよい関係を築くためのコミュニケーションの大切さ、対人支援の基本について理解する。

実習中親しくなっても、友達感覚で「～ちゃん」付けや呼び捨てにすることのないよう呼称に注意する。

②食事介助

機能障害による咀嚼、嚥下、消化能力に応じた食事形態、個々の能力に応じ工夫された自助具を使用した食事方法、障害に応じて工夫された介助方法について理解する。また、誤嚥防止など安全な食事ができるよう介助し、楽しく食事ができるよう支援方法を工夫することが必要である。

③清潔

毎食後の口腔ケアは、口臭、虫歯予防のため口腔内の観察が重要であり、流涎（唾液）の多い利用者の場合は適時ケアが必要になる。入浴、清拭などは全身の観察、温度調節、洗う順序、環境を考え、利用者ができることは介助しながら

[*7] 療育
障害児・者の生命（健康）と生活を守り、心身の成長・発達を援助し、機能回復と向上、その維持を図り、教育を保障し、家族や友人など社会のつながりを広げ人生の楽しみを提供するなどの援助全体のことを示し、重症心身障害児（者）施設理念の基本となっている。

事故防止に努める。その他爪切り、散髪、整容（おしゃれ）など日常的な支援のかかわりも必要である。

④排泄
個々の障害に合わせたトイレの使用方法、尿便器の使用方法について、安全で安楽な介助方法を理解する。また、おむつ使用の場合個々の障害に合った方法と交換時の注意事項について理解し、排泄介助時には皮膚の観察、排泄物の観察、体調の観察も同時に行う必要がある。

⑤移動
いざり、寝返り、這うなどの方法で自力移動する利用者もいるが、ほとんど全介助が必要であるため必ず複数人で介助し、利用者の安全を確保するとともに介護者の腰痛予防に努める。

⑥環境整備
利用者は日中絨毯上で横になった状態が多く、介護者の足元に顔があるため、埃・ごみなど生活空間の環境整備は重要である。清潔を保って感染症予防に注意するとともに、安全への配慮を行う。利用者がいる位置を常に考慮し、介護者のズボンは引きずらないよう長さを調節して、靴・靴下は清潔に保つことが必要である。利用者の多くは体温調節が難しいことから室温、湿度の調整など快適に生活するための支援、その他ベッドメーキング、就寝時の布団敷きなどの環境整備が必要である。

⑦救急時の対応
予測される緊急事態について、介護者は常に対処方法を理解しておく必要がある。また骨折、受傷しても自覚がなく訴えないため、介護者が気づかないと発見できないこともあり、常時細心の注意が必要である。

⑧その他
実習中に文通やイベントの参加、継続的な交流の要求などの依頼をされた場合、中途半端に受けてしまうと利用者が期待して待つことになり、寂しい思いをさせる結果になることも考えられるため、約束できないことはきちんと説明して断ることも重要である。

8　救護施設

1）施設概要と利用者の理解

①施設概要
救護施設は、「身体上又は精神上著しい障害があるために日常生活を営むことが困難」で、さらに経済的に困窮している人を対象としてつくられた入所施設で

第5章　介護実習施設・事業所等の概要と実習の視点

ある。救護施設で対象とする障害とは、身体障害・知的障害・精神障害と、これらの重複した障害である。

救護施設は、生活に困窮している人々を対象として制定された、生活保護法第38条によって定められた施設である。救護施設の設備や運営についての基準は、別に省令（「救護施設、更生施設、授産施設及び宿所提供施設の設備及び運営に関する最低基準」昭和41年厚生省令第18号）で定められている。救護施設はこの基準に沿って職員を配置し、利用者に食事を提供し、健康管理や介護などの生活支援、機能回復訓練や作業の機会を提供し、また、レクリエーションのための行事などを行っている。

職員について、先の省令では、施設長、医師、生活指導員、介護職員、看護師または准看護師、栄養士、調理員を配置することとしている。その他に介助員、宿直員、当直員、警備員、巡視員、運転手などを配置している施設もある。救護施設における施設長以下の職員総数は6,025人（非常勤970人を含む、2007（平成19）年現在）である。そのうち、介護職員は2,952人（非常勤290人を含む）で、職員総数の半数近くを占めている。なお、救護施設に関する施設数や施設の職員数・利用者数などについては全国救護施設協議会『平成19年度全国救護施設実態調査報告書』を参考にした。

救護施設は生活保護法による施設であるため、施設への入所は措置というかたちで行われる。これは保育所や介護保険施設の入所の方法（利用契約方式）とは異なり、福祉事務所から施設への入所の依頼（措置委託）によって行われるものである。

現在、救護施設は、全国に188（2007（平成19）年10月現在）ある。なお、大阪府17施設、東京都9施設に対し、京都府のように1施設という府県もあり、施設の設置状況は地域によってばらつきがある。大阪府や東京都のように施設数の多い地域では、女性専門施設、男性専門施設、男性精神障害者専門施設、アルコール依存症専門施設など、利用者の性別や障害の内容を限定している施設もある。

▶保護施設通所事業および居宅生活訓練事業

救護施設は従来、入所施設として位置づけられており、利用者が居宅生活へ移行するための支援がほとんど行われていなかった。しかし、近年、国は施設から居宅生活への移行に取り組み、2002（平成14）年度には保護施設通所事業、2004（同16）年度には居宅生活訓練事業を始めた。保護施設通所事業とは、救護施設などの保護施設を退所した人が、救護施設や更生施設に通所して、訓練指導を受けるとともに、職員の居宅訪問による生活指導を受けるものである。一方、居宅生活訓練事業は、救護施設に入所している人が、施設内の訓練用住居で生活訓練を行うことを通して居宅での暮らし方を学び、施設での生活から居宅での生活へ支障なく移行できるようにする事業である。

以上の事業を実施している施設は、全国に保護施設通所事業が21施設、居宅生活訓練事業が15施設ある（2005（平成17）年現在、厚生統計協会編『国民の福祉の動向』2005年）。救護施設が188施設あることを考えると、その数はまだ少ない。これは、実際に施設で暮らす人の60％が施設でそのまま暮らすことを望み、施設職員の66％が入所を続けることが適当と判断している現状をある程度反映した結果といえる。

②利用者の理解

　利用者の障害についてみると、利用者の大半（全体の77％）は、精神障害や知的障害がある。一番多いのは精神障害（52％）で、そのうち半数以上は統合失調症をもっている。次に多いのは知的障害（42％）で、身体障害がある人の割合は低い。

　医療機関との関係では、病院から施設に入所した人の割合が一番多い（41％）。特に多いのは精神科病院から入所した人で、利用者総数の約30％は精神科病院から入所している。入所後もほとんどの人（89％）が医療機関で受診している。受診科目は精神神経科が一番多く（61％）、次いで内科（56％）となっている。

　現在、救護施設の利用者総数は1万6,778人（2007年現在、以下同）である。性別は、80歳以上では女性の利用者が多いが、80歳未満では男性の利用者の方が多く、総利用者数の過半数（61％）は男性である。利用者の年齢は、20歳前後から75歳以上の後期高齢者まで幅広いものの、ほとんど（92％）は50歳以上である。

　なお、救護施設での高齢化が指摘されており、入所時からすでに50歳を超えている人が約半数（57％）を占めている。さらに、20年以上入所している人が31％ということもあり、高齢の人が施設を退所して、居宅での生活を新たに始めることは難しく、高齢化は今後も進むものと予想される。今後は、高齢化を視野に入れた支援の必要性が一層増すものと考えられる。

　最後に、現在の救護施設は、障害者に加え、アルコール依存症やホームレスの人、配偶者や子どもから暴力を受けている人などさまざまな人を受け入れている。救護施設の施設数は特別養護老人ホームや保育所など他の福祉施設に比べて少ないものの、他の福祉サービスが対応できない多様な人々のための最後の受け皿となっており、その社会的意義は大きいといえる。

2）利用者と介護職員の1日

　例にあげた施設では、昼食後の与薬は介護職員ではなく看護師が行っている。なお、施設の方針や利用者の状態により、施設における1日の過ごし方は多少の違いがあり、起床・消灯・就寝の時間などを特に定めていなかったり、入浴の回数が多かったり、夕食後の入浴を実施している所などがある。

表5−16 救護施設の1日（例）

時刻	利用者の1日の生活	介護職員の業務内容
6：00	起床	排泄介助、移乗介助、洗面、歯磨き指導、更衣介助
7：30	朝食	食事介助、与薬、水分補給の準備、記録入力
8：00	自由時間	引継ぎ、チームカンファレンス
9：20	ラジオ体操（第一）	体操を職員も一緒に行う
10：00	機能回復訓練等	排泄介助、病院の受診介助（付き添い）
10：45	面接相談・自由時間	
12：00	昼食	食事介助
12：45	自由時間	職員休憩
13：45	ラジオ体操（第二）	体操を職員も一緒に行う
		チームカンファレンス（5〜10分）
14：00	面接相談・行事（誕生会、映画会、盆踊り、クラブ活動など）・自由時間	病院の受診介助（付き添い）、シーツ交換、水分補給、居室清掃、
16：30	入浴（週2回、月・水）	入浴介助、排泄介助
		レクリエーション
		全体のチームカンファレンス
18：00	夕食	食事介助、与薬、洗面、歯磨き指導、更衣介助、移乗介助
18：30	自由時間	
22：00	消灯	就寝前の与薬（20：00頃）
		排泄介助（随時）、精神疾患の人の不穏時等への対応

3）観察の視点と実習項目

①観察の視点

　利用者の多くは、経済的困窮、家族関係の破綻、障害によって生じた日常生活・社会生活上の不自由さや苦痛、将来への不安など、さまざまな状況を経験して入所に至っている。支援者がこのような人々に効果的な支援を提供するためには、個々人がおかれた社会的・経済的状況や、障害の内容について理解を深めることが大切である。

　救護施設のほとんどの利用者は何らかの障害がある。障害がある入所者に支援を提供するために、支援者はまず、障害についての基本的な知識をもつことが必要である。さらに、個々の入所者へ適切な支援を行うためには、利用者の個別性（生活歴、年齢、体力、価値観、日常生活能力など）とのかかわりのなかで利用者の障害を理解することが必要である。

　利用者のなかには、障害のため、あるいは一人暮らしが長かったために、社会のルールになじめなかったり、人間関係をうまくつくれない人もいる。学生はこのような人の行為に対し、戸惑いや苛立ちを感じることがあるかもしれない。しかし、支援を効果的に提供するためには、目の前の利用者の行為ばかりでなく、行為の背景にあるさまざまな理由を冷静に考察し、利用者とかかわることが大切である。

②**実習項目**

　救護施設には、知的障害などのために理解力の低い人や、病院や施設での生活が長く、日常の生活習慣が身についていない人もいる。このような人が、日常生活で少しでも自立した暮らしができるように、学生は実習指導者による指導のもと、入浴の仕方、洗濯や掃除の仕方などについて、利用者が理解できるようにわかりやすい表現で、くり返し説明することが大切である。

　なお、先に述べたように救護施設では統合失調症の人の割合が高い。統合失調症の場合、回復期には洗面、入浴、着替え、片付けなど身の回りのことや人との付き合いなどについて、何らかの支援があれば日常生活を営むことができる。学生は、統合失調症の回復期に特有の状態、その対応の仕方などについて理解し、適切な支援を行うことが必要である。

　最後に、厚生省令（「救護施設、更生施設、授産施設、宿所提供施設の設備及び運営に関する最低基準」）により、施設は、利用者の心身の機能回復や残存能力活用のため、訓練や作業のプログラムを提供しなければならない。施設が適切なプログラムを提供することにより、利用者は訓練や作業に積極的に参加でき、それにより能力を向上させ、また、生活意欲も向上させることができる。そこで支援者は、利用者の精神的・身体的条件に適し、さらに個々人の興味や関心などにも配慮した効果的なプログラムを作成し、実施することが求められる。

　実習では以上の事柄をふまえ、可能な限り個々の利用者の条件を考慮し、支援を行うことが大切である。

2 介護サービス事業所等の概要と実習の視点

1　介護サービス事業所等での実習のポイント

　2000（平成12）年4月に導入された介護保険では、「被保険者が要介護状態となった場合においても、可能な限り、その居宅において、その有する能力に応じ自立した日常生活を営むことができるように配慮されなければならない」（介護保険法第2条第4項）とされている。さらに障害者自立支援法の導入に伴い、居宅で生活する高齢者、障害者は今後増大すると思われる。その人らしい生活を可能にする居宅介護を支援していく介護サービス事業も多様化している。したがって介護福祉士をめざす学生にとり、介護サービス事業所における実習での学びには多くのポイントがあげられる。

　介護サービス事業所等での実習では、利用者ができる限り住み慣れた地域で暮らすことを可能にする支援体制のあり方を学び、利用者が「なじみのある環境で

慣れた生活」を継続することの意義と理解を深める学習が臨まれる。

1）介護サービス事業所の種類

居宅におけるサービスは、訪問サービス、通所サービス、短期入所サービス、訪問入浴、地域密着型サービスに分かれている。

2）実習のポイント

介護サービス事業所での実習のポイントには次の6つがある。
①学内で学んだ講義・演習の知識に基づき、居宅サービス利用者の生活、家族とのかかわり、地域社会との連携を学ぶ。
②利用者の個別のニーズに沿った介護サービスがどのように展開されているかを学ぶ。
③居宅における利用者の日常生活に理解を深め、居宅で暮らすことの意義、生活を継続するために必要な社会的支援、住環境や福祉用具の活用への理解を深める。
④居宅介護実習の大きな特性として、介護サービス利用者本人と本人を取り巻く関係者への働きかけ、家族への支援、介護支援専門員、保健医療との連携も学ぶ。
⑤介護支援専門員の役割と関係職種との連携を学ぶ。
⑥介護サービス利用者本人のみならず家族への支援のあり方を学ぶ。

3）実習の到達目標

①住み慣れた地域で生活することの意義を理解する
長年住み慣れた地域で、継続した生活を送ることの意義を理解する。例えば他者からみると好ましくないと思われる環境であっても、利用者が安心して生活を送れる支援体制等について理解をする。

②多職種との連携の下で日常生活がどのように営まれているのかを理解する
居宅で生活を継続するためにはどのような職種が連携をとって生活支援を行っているかを理解する。また、それぞれの職種の果たす役割を学ぶとともに、フォーマルサービスとインフォーマルサービスの連携と活用方法への理解を深める。

③個別のニーズに沿った介護計画が実践されていることを理解する
居宅介護は、介護計画にのっとり実施される。介護計画は本人の希望に沿って計画され実施される。計画から実施までの一連の流れを理解する。

④利用者や家族への理解
家族形態や利用者本人と家族との関係を知り、居宅介護を展開するうえで家族の果たす役割を知る。

⑤居宅における具体的な介護技術を知る
・利用者の障害の状態に応じたコミュニケーション技術を知る。

・利用者一人ひとりに応じて展開される生活支援技術の方法を知る。
・利用者の障害と住環境に応じた生活支援技術を知る。
・利用者の障害と住環境に応じた家事支援を知る。
・相談・助言の方法を知る。
・自立支援に配慮した生活支援技術を知る。

4）実習中の留意点

①居宅は利用者が最も自然体でいられる個々人のプライベート空間である。学生は他人の家に入らせてもらうという謙虚な姿勢をもつ。
②同行訪問中は、実習指導者の指示に従い質問等はその場で聞くことがよいのか、事業所に帰ってから聞くのかを事前に実習指導者に確認をしておく。
③社会福祉士及び介護福祉士法第46条（秘密保持義務）を再学習し、実習終了後も各実習先で学んだことを他者に漏らさない。
④実習中は誠意をもった態度で実習に臨むように心がける。服装、言葉遣い、行動等、学生として学ばせてもらうという真摯な姿勢が臨まれる。

2　デイサービス（通所介護）

1）デイサービスとは

　地域で暮らしている介護を必要とする高齢者は、訪問介護や訪問入浴といった支援を受けることができ、自宅に居ながら利用できるサービスは多い。訪問介護や訪問入浴といったサービス以外にも自宅からサービスセンターなどに出向いてサービスを受ける支援もある。
　デイサービスとは、老人デイサービスセンターなどに通い、その施設において入浴、排泄、食事の介護、生活などに関する相談および助言、健康状態の管理、その他の居宅要介護者に必要な日常生活上の世話および機能訓練を行うことをいう。
　デイサービスは単独で施設がある場合もあるが、特別養護老人ホーム等の施設に併設されている場合もある。そのため、建物のなかで行われる支援のようにみられ、施設サービスと間違えられやすいが、自宅で生活する人へのサービスであるため居宅サービスに位置づけられている。
　デイサービスのほかに、デイケア（通所リハビリテーション）と呼ばれる支援もある。デイケアとは病状が安定期にある居宅要介護者が介護老人保健施設、病院、診療所などに通い、その施設において心身の機能の維持回復および日常生活の自立を図るために、診療に基づき実施される計画的な医学的管理の下で行う理学療法、作業療法、その他必要なリハビリテーションを行うことをいう。

介護保険制度のなかでは、利用者の心身の状況に応じてデイサービスとデイケアを提供している。いずれのサービスも日帰りが多く、利用者は朝施設に出向いて支援を受けて、その後は自宅に帰ることになる。自宅まで送迎車が送り迎えをする施設が多く、家族の負担軽減にもつながっている。

　日常の生活支援が必要な利用者は、デイサービスにおいて食事や入浴の基本的な生活支援サービスや身体機能の向上を図るサービスを受ける。施設ごとに特徴をもった機能訓練やレクリエーションを楽しみにしている利用者も多い。利用者の心身の状況に応じて、職員が利用者に楽しんでもらいながら、心や体を動かしADLの低下を防ぐことができる。

　2006（平成18）年より、要支援1・2の人は要介護状態にならないために予防を目的とした介護予防通所介護が利用できるようになった。

　ここでは、主に介護保険におけるデイサービスを紹介する。

2）利用者の理解

　デイサービスを受ける利用者は、自宅で暮らし、生活のなかで何らかの支援を必要とする人である。自宅で暮らしているといっても、自宅内の環境から寝たきりの状態の人もいれば重度の認知症で徘徊をする人もいる。また、ある程度自立した生活を送れる人もおり、利用者の心身の状況はさまざまである。自宅で受けるサービスと違い、施設に出向いてサービスを受けるということは、安定した心身の状況でなければ困難である。

　デイサービスの施設内は、自宅と違い生活環境は整っている。車いすでも段差を気にせず自走することができたり、入浴やトイレには手すりがあり安全に移動ができる。デイサービスでは一日車いすでレクリエーションを楽しんでいる利用者が、自宅に帰るといきなりベッドで寝たきりに近い状況になってしまうことも珍しくない。職員は、利用者が自宅での生活がより充実したものになるように考え、施設内での生活を基にどのようにしたら自宅での生活がしやすくなるのかアドバイスをしたり、改善点の提案をしたりすることもある。

　デイサービスを利用する際に、利用者は入浴後衣類交換をするために下着や衣類を持参することがある。デイサービスに出かける前に準備してまとめておかなければならないため、一人暮らしであれば、利用者自身でまとめるかヘルパー派遣を利用してまとめなければならない。ヘルパー派遣の支援の利用はデイサービスへの準備だけではなく、帰宅後の片付けや洗濯も含めて考えておかなければならない。

　利用者がデイサービスを利用する回数は個々によってさまざまである。週1回利用する場合からほぼ毎日利用することもある。しかし、どれだけデイサービスを利用したとしても、デイサービス利用総時間数から考えてみれば利用者の生活

の中心はやはり自宅である。利用者に同居家族がいれば、自宅での利用者の日頃の様子を聞いたり、心身の状況を把握するための情報交換を行うことによって利用者の理解につながる。また、同居家族がいない場合でも、デイサービスでの様子などを連絡ノートに記入して、家族とのコミュニケーションの手段とすることは重要である。

介護サービスが充実したといえども、家族の協力なしに介護保険サービスだけで利用者の生活を守ることは困難な場合がある。日頃から家族との連携をとり、利用者を取り巻く環境を理解して、その状況を把握したうえで家族へのねぎらい

表5-17 デイサービスの一日(例)

時間	介護職員の業務内容	業務の具体的内容
8:30	朝礼 ・本日の利用予定者の確認 ・送迎車の配車状況の確認 ・連絡事項	事前に連絡が入っている場合の欠席確認 効率のよい送迎の順番を組み直す 感染症対策の徹底と家族にも感染予防をすすめる案内
8:45	迎え(施設待機職員、送迎車同乗職員) ・直接施設に来る利用者への対応 ・順次送迎車が到着し、利用者への対応	送迎車に運転手と職員2名で各自宅を周る 施設待機職員は湯茶、レクリエーションの準備 看護師によるバイタルチェックと体調確認 飲み物(お茶、コーヒー等)の提供 連絡ノートの回収および確認、持参した服薬を確認
10:00	体操 ・日頃の体の動きを観察	音楽をかけながら「いきいき体操」を行う 体の動きが緩慢な利用者を看護師に報告
10:30	入浴とレクリエーション 　・入浴者は荷物の確認 　・入浴室誘導、入浴介助 　・Aグループのレクリエーション内容「麻雀大会」 　・Bグループのレクリエーション内容「リース作り」 　・個別にリハビリテーション	月、水、金曜日は女性が先に入浴をする 火、木、土曜日は男性が先に入浴をする 誘導から着脱、洗身まで同じ職員が対応する さまざまなレクリエーションから、利用者の希望のものを選び身体状況に応じて支援をする 個別リハビリテーション計画書に基づき理学療法士によるリハビリテーションを実施
11:45	口腔ケア体操、昼食準備	ひとり一人、鏡を持ち口の開き方を確認しながら実施
12:00	昼食 休息	配膳やお茶の準備を利用者と共にする 午後から寝る人のベッドへの誘導
14:00	集団レクリエーション ・ボーリング大会 ・個別にリハビリテーション 連絡帳や利用状況記録に記入	身体状況に応じて、ハンディをつけて実施 個別に今日一日の施設利用状況を記録に記入する
15:15	おやつ、飲み物	手作りのホットケーキに小倉をのせて提供する 食器の片付けは、利用者と共に行う
16:00	送迎　片付け ・掃除 明日のレクリエーションの準備	荷物の確認、連絡ノートの確認 送迎車に乗り、自宅まで送る 家族に本日の様子を伝える
17:00	終礼　本日の反省 　　　明日の報告	

の気持ちや言葉がけを忘れてはいけない。

3）観察の視点と実習項目

①観察の視点

　デイサービスの利用者の生活の拠点は自宅である。デイサービスを利用する理由はさまざまである。まずは、利用者がどのような目的でデイサービスを利用しているか把握する。学生は、積極的に職員とかかわりを持ち、許可をしていただければ送迎車への同乗も依頼してみるのもいいのではないか。利用者やその家族とのかかわりを通じて職員がどのようにコミュニケーションをとって、利用者の状況把握に努めているかを観察する。そのうえで、デイサービスを利用する目標が、それぞれの個別介護計画によって立てられているのでその内容を知ることは必要である。

　デイサービスでのサービス内容は施設によって異なるため、どのような職員が配置をされ利用者の自立の支援を行っているのかを知る。特に、限られた時間内での利用者への職員の働きかけが、多職種連携のもと個別に的確に行われていることを知る。

　学校で取得した技術を実践へとつなげていくことも実習のポイントである。特に、デイサービスでの実習はレクリエーションを実践、展開するよい機会なので積極的に実施したいものである。レクリエーションを行う場合は、実施計画書を作成し、職員から十分なアドバイスをもらい、許可を受けたうえで行う。

②実習項目

・自宅で生活する利用者が利用するデイサービスの役割を知る
・利用者および家族とのコミュニケーションの重要性を知る
・施設内で行われる支援内容を知る
・多職種連携による支援方法を知る
・取得した介護技術の確認

4）デイサービスにおける記録

　デイサービスにおける記録はさまざまなものがある。書式は、事業所ごとに異なっているが、介護保険において必要とされる記載事項があるためそれに基づいて記録は記入されている。

・通所介護計画記録：介護支援専門員が立てたケアプランに基づき通所介護計画記録が作成される。どのような目標をもって、具体的に何を行うのかが書かれているのが個別計画である。個別計画は介護保険でサービスを受けるすべての利用者に立てられている。
・連絡ノート：デイサービスと利用者および家族との連絡に使う記録物である。

デイサービスでの様子や家族からの連絡や報告が双方で記入できるようになっている。施設によって書式が工夫されている。利用者や家族に記入した内容を確認をしてもらい署名捺印をする場合もある。
- 施設利用記録：実際に施設を利用した日付やサービス提供実施時間、具体的に行ったサービス内容を毎回記載する記録である。利用者の状況や身体的様子などを細かく記入する。
- 入浴日誌：入浴状況を記入した記録である。支援時、皮膚の状態観察やけがなどがあれば記入をして、家族に連絡や連絡ノートなどで知らせる。
- レクリエーション参加記録：レクリエーションに参加した場合に、参加状況を記録するもの。
- 個別リハビリテーション実施記録：個別リハビリテーション実施をした場合、実施した職員がどのようなリハビリテーションを行ったかを記録するもの。
- 排泄記録：排泄状況を把握しなければならない利用者の排泄状況を記録するもの。
- 食事摂取記録：食事状況を把握しなければならない利用者の食事摂取状況を記録するもの。

3　訪問介護（居宅介護）

1）訪問介護とは

　多くの人は要介護状態になっても、暮らし慣れた地域で自分らしく生活を送り続け、介護が必要であれば家で支援を受けたいと願っている。在宅生活で受けられるサービスはさまざまなものがあるが、デイサービスのように利用者が特定の場に出向いて受けるサービスもある。
　訪問介護（居宅介護）とは、高齢や障害などにより、日常の生活を営むことが困難になった人に対して、訪問介護員（ホームヘルパー）が住み慣れた自宅などに出向いて、入浴、排泄、食事等の介護その他の日常生活上の世話など、生活全般にわたる支援をすることである（介護保険法第8条、障害者自立支援法第5条）。すなわち、要介護者が直接生活をしている場（家）でその人らしい生活を維持するために、自立を促しながら身体介護、家事支援や相談助言を行うことである。ホームヘルパーは直接支援するなかから、利用者がどのような暮らしを求めているか、それを実現するためにはどのような支援が必要なのか絶えず考えて介護を提供している。
　以前の訪問介護は、「生活の支え」という幅広い支援の性格上、生活支援の代行業的な印象が強く、利用者のできないことを補うことが業務であると思われて

いた。例えば、障害などで買い物ができなくなり、食生活の維持ができないならば代行で買い物を行ったり、掃除機が重く環境整備ができないならば掃除を行ったりすることが支援であった。

　しかし、ホームヘルパーは利用者が何を食べたいと思っているのか、どのような食材でどのような味付けで、食べやすい工夫はないかなどを短時間で利用者と共に考えている。そして、使い慣れない調理道具で、利用者の体調に合わせた食生活が維持できるように調理をしなければならない。ホームヘルパーは家事代行として支援を行うのではなく、利用者がどこまでできてどこからができないのかを見極めてサービスを展開している。単純に調理をする、買い物をするなど家事代行を行うのではなく、訪問介護は、その人らしい生活を提供するために、専門的な知識をもって、優れた技術提供をし、人を支援するという倫理が要求される。したがって、訪問介護は非常に専門性をもった支援といえる。

　2006（平成18）年より、介護予防訪問介護が始まった。介護予防における訪問介護の対象者は要支援者で、要介護状態の維持や改善を図って要介護状態となることを予防し、自立した日常生活を営むことができるよう支援することである。

▶ホームヘルパーの現況

　現在のホームヘルパーは、常勤として事業所で働いている人は少なく、2008（平成20）年11月現在、その多くは、登録ヘルパー（時間給ヘルパー）とよばれ、非常勤職員（85.6％）が訪問介護サービスの担い手として活躍をしている（介護労働安定センター「平成20年度介護労働実態調査」）。勤務時間は支援開始時間から支援終了時間までの間とされ、ホームヘルパーの自宅から直接利用者宅に直行して、直接自宅に帰る（直行直帰）勤務形態もある。訪問滞在時間はケアプランに示され、巡回型の比較的短時間での支援と、滞在型の2～3時間での支援が組まれている。

2）利用者の理解

　ここであげる訪問介護の利用者は、介護保険制度および障害者自立支援法による対象者とする。

①介護保険制度による訪問介護の利用者

　介護保険制度においては、65歳以上の要支援・要介護の認定を受けた人、40歳以上で特定疾病[*8]による要支援・要介護の認定を受けた人が訪問介護を利用できる。また、2006（平成18）年4月より要支援1・2の認定を受けた人は、介護予防サービスにおける介護予防訪問介護を利用する。

②障害者自立支援法による居宅介護の利用者

　2006（平成18）年10月より、居宅介護（ホームヘルプ）が障害の区別なく始まり、身体障害者・知的障害者・精神障害者・障害児に対して、入浴、排泄または

*8　特定疾病
本章p.95を参照。

表5-18 ホームヘルプの1日（例）

時　刻	介護職員の業務内容	業務の具体的内容
8：30	事業所出勤 ・申し送り事項の確認 ・登録ヘルパーの介護記録の内容確認 ・1日の訪問先の援助内容の確認 ・ヘルパーバッグ（訪問時持参するかばん）の中身の確認	ヘルパーからの情報や報告された検討事項を他のヘルパーやケアマネジャーに連絡する 訪問先の援助内容に変更がないか確認する 使い捨て手袋の補充と手指消毒液の残量確認をする
9：00	Aさん宅（巡回型） ・安否確認 ・分別ごみを出す援助	Cさん宅へ事業所からのチラシを持って行く Fヘルパーが昨日のうちにごみの分別をして玄関脇に出してある。ごみ袋を収集場所まで出しに行く
9：30	Bさん宅（予防介護） ・居室内の掃除 ・食料品の買い物 ・調理の下ごしらえ	ヘルパーが居間の掃除機をかけている間、Bさんは台所のテーブルの上を雑巾がけ。Bさんの見守り 近所のスーパーへ一緒に出かける カボチャを切り分け、ラップをかけて冷蔵庫に保存する
13：00	Cさん宅（滞在型） ・居室内と風呂場の掃除 ・入浴介助 ・洗濯	入浴準備のため風呂場の湯張り 居室内の掃除をCさんの妻と行う 着替えを準備して、入浴の介助、洗身、洗髪の一部介助をする 風呂場の掃除、下着やタオルを洗濯機にかける
15：00	・連絡ノートの記入	本日の体調や観察したことを息子さんや医師、訪問看護師へ連絡するため連絡ノートに記入する
15：30	Dさんお迎え（障害児） ・養護学校から自宅までの帰宅介助	養護学校へ行き、授業終了後一緒に市バスと徒歩にて帰宅する
17：00	事業所帰着 ・訪問介護記録の記入 ・実績票の記入 ・出納帳の記入 ・申し送り事項の記入 ・他のヘルパーとの情報交換 ・関係機関に電話連絡	1日の援助や、気づいた点を記録する 訪問時間を実績票に記入する （買い物をしたときは、出納帳に第三者がわかるように記入する） Cさんの妻の介護疲れが気になったため、ケアマネジャーに連絡をし、妻から要望されたショートステイの日程を早めてもらうよう連絡をする
17：30	・ヘルパーバッグ内の補充	

食事の介護など、居宅での生活全般にわたる支援サービスが行われている。また、重度訪問介護は、18歳以上の重度の肢体不自由者を対象とし、居宅における介護から外出時の移動支援まで行う総合的な訪問介護サービスである。

3）利用者家族の理解

　訪問介護は利用者支援が中心であるが、利用者の世帯に訪問するため家族への支援も含まれることがある。老老介護とは、例えば高齢の夫を高齢の妻が介護しているような状態のことをいう。また、最近では、認認介護という造語も聞くことがある。夫婦ふたりが認知症で、高齢の夫婦が互いに寄り添いながら生活をし

ている場合である。高齢の夫婦二人暮らしで、二人とも利用者としてサービスを受けていることも珍しくない。家族と生活を共にしているが、家族は働きに出ているために昼間は利用者が一人でいる場合も多い。

まずは、利用者と家族との関係を十分理解して支援を組み立てる必要がある。また、キーパーソンは誰なのか、利用者と家族はどこまでの支援を希望しているか把握することも重要である。家族は長年の介護から、心身共に疲労を感じていることがある。いくら訪問介護が有効的なサービスであっても、24時間365日続く介護においては、家族の協力なしには簡単に生活を継続できるものではない。利用者家族には、介護負担の軽減に努めると共に、日頃の介護へのねぎらいの言葉を忘れてはならない。

4）観察の視点と実習項目

訪問介護は利用者とホームヘルパーの1対1での支援と考えられがちであるが、地域で生活する主体者が対象であるためにさまざまな視点での実習が望まれる。
①在宅における利用者・家族の状況や生活環境について理解する
②在宅における利用者のニーズと必要なサービスを、見学や体験を通じて理解する
③地域におけるさまざまな機関との連携や、社会資源の有効な活用方法について知る
④制度における在宅介護の仕組みや内容について理解する

学生は、施設実習とは異なった訪問介護の特徴を学ぶことになる。施設実習では集団の一人としてみていた利用者を、家で暮らす人として理解をしなければならない。利用者のその人らしい生活習慣や生活へのこだわりを受容して、自立支援を学ぶことが重要である。また、生活をサポートするためのプラン（訪問介護計画書）に基づいて訪問介護のサービスが展開されていることを理解しこの実習に望んでほしい。

5）訪問介護における記録

ホームヘルパーが記入する記録はさまざまなものがある。書式は統一されておらず、事業所ごとに工夫がなされている。
- 訪問介護記録：訪問のたびに支援内容や観察をした点を具体的に記入する。
- 訪問時間実績票：支援した時間を記入するもので、サービス終了時に利用者に確認をとり印鑑をいただく。
- 出納帳：金銭のやり取りが家族や第三者にわかるように、買い物のレシートや領収書と共に出納を記入する。
- 連絡ノート：利用者宅に常時置いておき、利用者にかかわる家族や関係機関

との連絡や調整のために使用する。

　施設実習と違って、訪問介護実習中に学生が書くメモや記録は利用者にとって何かこそこそ悪いことを書かれていると思われてしまう場合もある。くれぐれも、メモ等を書く場合は利用者に何を書いているか見えるような配慮が必要である。

4　訪問入浴

1）訪問入浴とは

　日本人にとって入浴は、生活を送るうえでとても重要な行為の一つである。体を清潔にするためだけではなく、一日の疲れを癒したり、時にはコミュニケーションの場であったりする。また、生活の楽しみでもある。

　日本の風呂の環境は、段差があったり、浴槽に浸かる習慣があるために体の細かな移動が必要である。障害を受けると今まで特別の不自由さを感じなかった入浴がたちまち困難になり、安全な入浴ができなくなる。楽しいはずの入浴が危険な行為に変わってしまうこともある。

　家庭のお風呂で入浴ができなくなった場合に、入浴車などにより居宅を訪問し、浴槽を提供して入浴の介護を行うことを訪問入浴介護という。

　支援するスタッフは、看護師、介護職員、オペレーター（入浴機械の操作など）の3名で行うことが多い。スタッフはそれぞれの役割が決まっており、浴槽の搬送や給湯の準備、利用者の身体状況の把握と多職種からの申し送り事項の確認など、短時間でしかも的確に入浴の準備をする。入浴の際も、手早くしかも利用者にとって満足がいく入浴サービスを提供する。

　身体を清潔にするばかりではなく、時には日本ならではの楽しみ方である、暦に合わせた菖蒲湯、桜湯や温泉水を楽しむこともある。

　2006（平成18）年より、介護予防訪問入浴が始まった。介護予防における訪問入浴は利用者が可能な限りその居宅において、要介護状態の維持もしくは改善を図り、または要介護状態となることを予防し、自立した日常生活を営むことができるよう、居宅における入浴の支援を行うことによって、利用者の身体保清、心身機能の維持を図り、利用者の生活機能の維持または向上をめざすものである。

　ここでは、主に介護保険における訪問入浴を紹介する。

2）利用者の理解

　身体を清潔にする方法は、さまざまな方法があるが特に訪問入浴を利用する人は、外出が困難な利用者が多い。一日のほとんどをベッドや布団の上で生活をする人である。まずは、利用者の気持ちを十分に理解することである。楽しみであ

表5-19 訪問入浴の1日（例）

時　間	訪問先	介護スタッフの業務の内容
8：00		・各スタッフの責任分担の点検（5～10分） 　入浴車、設備機器、浴槽、附属品、ボイラー、燃料、入浴消耗品、記録書類、看護・診療器具、介護用品などの確認 ・当日利用者についてのミーティング（5～10分） 　利用者の体調や病変、入浴手順、移動、訪問順位、申請者宅訪問の割り込み、当日の交通事情での順路変更などの確認
9：00	1軒目	・出発時間　8：45　午前訪問軒数　3軒
10：00	2軒目	・移動時間は除いて1軒45分 　入浴準備、介助、浴後観察、入浴機材の後片付け
11：00	3軒目	
12：00	昼休み	昼休み　12：00～12：45（利用者宅への移動で前後することがある）
13：00	4軒目	・午後訪問軒数　3～4軒 　事業所からの距離により訪問軒数が決まる
14：00	5軒目	
15：00	6軒目	
16：00	7軒目	サービス終了後事業所に戻る
17：00		・終了時ミーティング：当日利用者の状態、異変はなかったか反省、翌日利用者名簿の確認 ・介護日誌整理、運転記録・入浴同意書整理、入浴サービス記録台帳記入、その他書類の整理 ・事業所で事故防止のための器具・装置の安全確認、車両・整備機器の点検、使用ネット・リネン類、スタッフのガウンなどの消毒・洗濯、翌日のための消耗品補充、備品整備 ・新しい申請者宅訪問調査結果の連絡・調整、記録など
18：00		業務終了

　る入浴を限られた環境のなかで、満足が得られるサービスとして提供するためには利用者の気持ちと健康状態をしっかりと把握したうえで対応する必要がある。

　特に訪問入浴は、利用者や家族にとっては最もプライベートな部分に対しての支援であるため、プライバシーの保護や守秘義務を十分に守ることが重要である。時として、利用者の許可があったのにもかかわらず、訪問入浴実習が実施できない場合がある。訪問したが入浴介助の立ち会いを拒否され、入浴中の部屋へ入室できないことがある。利用者や家族は、支援を受けるスタッフと長年信頼関係を築き訪問入浴を行ってきており、事前に実習生が訪れることを理解はしているがいざ実習生の姿を見ると、どうしても受け入れることができないこともある。

　そのようなことは珍しいことではないが、利用者の気持ちを大切に受け止めて利用者理解に努めることが重要である。訪問入浴の性格上のもので、決して実習生本人を拒否したものではないことを理解する。

3）観察の視点と実習項目

①観察の視点

　実習生が訪問入浴実習で、直接利用者に支援できる場面は少ない。そのほとんどは、見学実習が多いのが現状である。見学や観察をする時も利用者を尊重した態度が求められる。周りに十分注意を払い、実習指導者から指示されたことに従い決して勝手な行動はしない。支援する場合は必ず実習指導者に指示された内容を再確認して、利用者や家族の許可を得てから実施することを忘れてはならない。

　訪問入浴は、限られた訪問時間内に利用者に満足がいくサービスを提供しなければならない。訪問入浴スタッフがどのような連携で利用者や家族とかかわり、スムーズな支援を提供しているかを理解する。

②実習項目

- 訪問入浴の手順
- 利用者や家族とスタッフとのコミュニケーション技術
- スタッフの役割
- 身体清潔の方法
- プライバシーの保護
- リネン類の準備、片付け
- 入浴後の支援
- 記録の内容
- 浴槽等の衛生方法
- 次回の訪問連絡など

4）訪問入浴における記録

　入浴訪問における記録はさまざまなものがある。介護保険において必要とされる記載事項があるためそれに基づいて記録は記入されている。

- 訪問入浴介護計画書：介護支援専門員が立てたケアプランに基づき訪問入浴計画が作成されている。目標をもって具体的に入浴介護を行うための個別計画である。すべての利用者に立てられている。
- 入浴確認書：入浴をするにあたり、スタッフは利用者の健康状態をチェックして入浴が可能かどうか判断をする。この記録は利用者、家族がする記録であり、入浴可能であれば、確認をして署名捺印をする。
- 入浴業務記録：訪問時に具体的に行ったサービス内容を毎回記載する。サービス提供実施時間や利用者の状況や家族の様子などを細かく記入する。
- 運転日誌：入浴車の運行行程を記入した記録である。

5 認知症対応型共同生活介護(認知症高齢者グループホーム)

1) 認知症対応型共同生活介護とは

　我が国のグループホーム設立の動向として、1986(昭和61)年に厚生省(現・厚生労働省)内に痴呆性老人対策推進本部を設置し、痴呆性老人の「処遇」に関する検討がなされた。そして、1994(平成6)年に高齢者関係三審議会「痴呆性老人に関する検討会報告」のなかで、新しいタイプの福祉サービスとして痴呆性老人が共同生活をする小規模な場の整備について提言がなされた。また同年12月の新ゴールドプランにおいても「今後取り組むべき高齢者介護サービス基盤の整備に関する施策の基本的な枠組み」のなかで、小規模な共同生活の場における介護サービスの充実が提示された。1995(同7)年に厚生省は「痴呆性老人のグループホームのあり方についての調査研究委員会」を設置、グループホームの制度化に向けた調査・研究を実施し、1997(同9)年に「痴呆性対応共同生活援助事業(運営費補助)」を1998(同10)年には「痴呆性老人グループホーム施設整備補助事業」を開始した。2000(同12)年に施行された介護保険法においては、「痴呆対応型共同生活介護事業」として取り組まれ、2006(同18)年4月の介護保険法改正では、認知症対応型共同生活介護(認知症高齢者グループホーム)は地域密着型サービスとして位置づけられることとなった。

　認知症対応型共同生活介護(以下、「認知症高齢者グループホーム」)は、「指定地域密着型サービスの事業の人員、設備及び運営に関する基準」(平成18年3月14日厚生労働省令第34号、以下、「指定基準」)の第5章に規定されている。

①基本方針(指定基準第89条)

　要介護者であって認知症であるものについて、共同生活住居において、家庭的な環境と地域住民との交流の下で入浴、排せつ、食事等の介護その他の日常生活上の世話及び機能訓練を行うことにより、利用者がその有する能力に応じ自立した日常生活を営むことができるようにするものでなければならない。

②設備に関する基準(指定基準第93条)

- 指定認知症対応型共同生活介護事業所は、共同生活住居を有するものとし、その数は一又は二とする。
- 共同生活住居は、その入居定員を5人以上9人以下とし、居室、居間、食堂、台所、浴室、消火設備その他の非常災害に際して必要な設備その他利用者が日常生活を営む上で必要な設備を設けるものとする。
- 居室の定員は、1人とする。ただし、利用者の処遇上必要と認められる場合は、2人とすることができるものとする。
- 居室の床面積は、7.43㎡以上としなければならない。

・居間及び食堂は、同一の場所とすることができる。
・指定認知症対応型共同生活介護事業所は、利用者の家族との交流の機会の確保や地域住民との交流を図る観点から、住宅地又は住宅地と同程度に利用者の家族や地域住民との交流の機会が確保される地域にあるようにしなければならない。

2）入居者の理解とホーム・介護職員の役割

　認知症高齢者グループホームで生活する入居者については、介護保険法において「加齢に伴って生ずる心身の変化に起因する疾病等により要介護状態となり、入浴、排せつ、食事等の介護、機能訓練並びに看護及び療養上の管理その他の医療を要する者等」（第1条）であり「要介護状態又は要支援状態」（第2条）の者である。つまり、要介護認定において要支援2から要介護5の認定された認知症高齢者が入居の対象となる。

　認知症高齢者は、認知機能レベルが比較的軽度の入居者から行動や意思疎通が困難な場合や重度の認知機能レベルの入居者まで、その状態はさまざまであり、一人ひとりの個別の対応が求められる。

　認知症高齢者グループホーム誕生の背景には「認知症になっても町の中で安心して暮らしたい」「自分らしさを保ちながら、自由で喜びのある暮らしを送りたい」[8]という利用者や家族、関係者の思いがある。この「思い」を具現化するための条件として次の5つの項目が重要である。

①慣れ親しんだ生活様式が守られる暮らしとケア（安らぎがあり束縛のない暮らし）
②認知障害や行動障害を補い、自然な形でもてる力を発揮できる暮らしとケア
③小人数のなかで一人ひとりが個人として理解され受け入れられる暮らしとケア（人としての権利と尊厳、個々の生活史と固有の感情）
④自信をとり戻し感情豊かにすごせる暮らしとケア（衣・食・住全般に生活者としての行動。役割の回復）
⑤豊かな人間関係を保ち支えあう暮らしとケア（家族との、共に住む者同士としての、スタッフとしての、地域社会との）[9]

　また、指定基準「指定認知症対応型共同生活介護の取扱方針」の項目のなかで、介護、介護職員、管理者の姿勢・あり方について下記のように定義をしている。この点も十分に理解すべき内容である。

▶指定認知症対応型共同生活介護の取扱方針（指定基準第97条（抄））
・利用者の認知症の症状の進行を緩和し、安心して日常生活を送るために、利用者の心身の状況を踏まえ、適切に行われなければならない。
・利用者一人一人の人格を尊重し、利用者がそれぞれの役割を持って家庭的な

環境の下で日常生活を送ることができるよう配慮しなければならない。
・認知症対応型共同生活介護計画に基づき、漫然かつ画一的なものとならないよう配慮しなければならない。
・介護従業者は、介護の提供に当たっては、懇切丁寧に行い、利用者や家族に対し、サービスの提供方法等について、理解しやすいよう説明しなければならない。
・介護事業者は、介護の提供に当たっては、利用者等の生命又は身体を保護するため緊急やむを得ない場合を除き、身体的拘束等を行ってはならない。
・身体的拘束等を行う場合には、その態様及び時間、その際の利用者の心身の状況並びに緊急やむを得ない理由を記録しなければならない。
・提供する介護の質の評価を行うとともに、定期的に外部者による評価を受け、結果を公表し、常に改善を図らなければならない。

3）介護職員の業務内容

　認知症高齢者グループホームの職員は、入居者と共に、調理や洗濯、掃除などを行い、家庭的な落ち着いた、ゆっくりとした時間のなかでの生活支援の視点が求められる。入居者の「できる活動」と「潜在能力」を十分に理解したうえで、生活の主体者として、それぞれの個性の理解と人間尊厳と自立の視点に立つことが求められる。そして、入居者が自分自身の存在価値や意義を見いだすことができるようかかわりを深めていかなければならない。常に入居者の時間を尊重し、ペースにあわせ、その人らしい自立した生活をすごすことができるよう努めなければならない。

4）観察の視点と実習項目

　入居者の個別性と自立、自主性を尊重し、尊厳のある「私の生活」を送ることのできる場所、主体性、活動、参加などの視点とそれに基づく実習が望まれる。
①認知症高齢者グループホームの理解（ホームの環境、構造、地域の社会資源との関係性、行事など）
②入居者の理解（一人ひとりの認知機能レベル、身体機能などICFに基づいた入居者の理解）
③認知症高齢者グループホームの職員の理解（職種、役割、業務内容、入居者とのかかわり方、専門職としての価値と倫理など）
④ホームのなかでの時間の流れの理解（入居者の生活の1日の流れの理解、職員と1日の生活の流れの理解）
⑤認知症高齢者グループホーム入居者の家族の理解（家族の入居者に対する思い、ホームに対しての思い、家族会の役割など）

表5−20　グループホームの1日（例）

時　間	利用者の1日の生活	介護職員の業務内容
6:00	起床 着替え・洗面・整容等 朝食準備（手伝い）	起床の声かけ・介助 洗面・整容の声かけ・介助 朝食準備への声かけ・介助
8:00	朝食・朝食片付け 掃除・洗濯・体操・新聞 シーツ交換（1/1w）	食事の見守り・介助 朝の申し送り 掃除・洗濯・シーツ交換への声かけ・介助
10:00	お茶 買い物（主に食品・個人的には酒、煙草など） 野菜の収穫・草取り等 交流（手芸・百人一首等） 昼食準備	利用者の好みに応じたお茶の時間 散歩・買い物等希望があれば付き添う 野菜の収穫等見守り・介助 趣味・遊び等への誘導 昼食準備への声かけ・介助 （ゴマすり・野菜揃え・もやしのひげとり・味見等）
12:00	昼食・昼食片付け 休憩 理容院・美容院・買い物・ドライブなど	食事の見守り・介助 理容院・美容院・買い物・お出かけ等への付き添い
15:00	入浴 おやつ 洗濯物取り入れ、整理 庭の散歩・野菜の収穫 テレビ・唱歌・談話 夕食準備	入浴への声かけ・介助 おやつづくりへの参加呼びかけ 洗濯物取り入れへの介助 庭の散歩や野菜の収穫を共に行う 利用者と談話・唱歌・TV観賞等 夕食準備への声かけ・介助 記録・夜勤者への申し送り
18:00	夕食・夕食片付け 談話 排泄・清拭・着替え・口腔ケア	食事の見守り・介助 コミュニケーションの仲立ち 排泄・清拭・着替え・口腔ケアへの声かけ・介助
21:00	 就寝	眠前薬を配る・服薬確認 就寝準備への声かけ・介助 消灯・戸締り
22:00		以後巡回および随時トイレ誘導 不眠者対応など

⑥ホームと地域との関係についての理解（町内会との関係、地域の方々との交流など）

⑦入居者を主体とした生活支援の知識と技術の習得

6　小規模多機能型居宅介護

1）小規模多機能型居宅介護とは

　小規模多機能型居宅介護は、1980年代半ばから全国各地で始まった草の根の取り組みの「宅老所」をモデルとして制度化したものである。

宅老所は、「大規模な施設では、サービスが画一的であり利用者にきめ細かな支援ができない、利用者が落ち着いて生活ができない」などから、利用者が家庭的な雰囲気のなか、住み慣れた地域で安心して暮らすことができるようにと、元施設の介護職員などの有志によって始められた。建物は民家改修型が多く、認知症高齢者など少人数を対象に、通い（デイサービス）を主体として、必要に応じて、泊まり（ショートステイ）や訪問（ホームヘルプ）などのサービスを提供している。2000（平成12）年の介護保険導入後は、宅老所の多くが介護保険事業のデイサービスとして指定を受け、「泊まり」は宅老所の自主事業として安価な金額を設定し、利用者の自己負担としている事業所が多い。

　このように、通って、泊まって、訪問も受けることができる宅老所のあり方は、次第に「小規模多機能ケア」として注目され、2005（平成17）年の介護保険制度改正で「小規模多機能型居宅介護」として制度化され、地域密着型サービスの一つとして2008（同18）年4月から実施されるようになった。地域密着型サービスとは、要介護高齢者などができる限り住み慣れた地域で生活が継続できるよう、介護保険制度の改正により新たに創設されたサービス体系であり、市町村が事業者の指定や監督を行い、事業所がある市町村の居住者が利用対象者となる。

　介護保険法における小規模多機能型居宅介護は、家庭的な雰囲気の下、少人数の要介護高齢者などを対象に、事業所への「通い」を中心として、様態や希望に応じ自宅への「訪問」や短期間の「宿泊」を組み合わせ、入浴、排せつ、食事などの介護や機能訓練を一体的に提供し、認知症高齢者などができる限り住み慣れた自宅で暮らし続けられることを目的としたサービスである。

　建物は住宅地にあり、事務室、居間・食堂、厨房室、浴室、宿泊室など必要な設備・備品が備えられ、居間・食堂の面積は、通所介護利用者1人当たり3㎡以上、宿泊室は原則個室（プライバシーが確保されている場合は2人部屋可）であり、その面積は1人当たり7.43㎡以上が必要とされている。職員は、計画作成担当の介護支援専門員1名（必置で他の職務と兼務可）、介護・看護職員は、①昼間は、通いの利用者数が3名またはその端数を増す毎に1名以上（常勤換算）、訪問サービスにあたる者を1名以上（常勤換算）、②夜間および深夜の時間帯は、時間帯を通じて交替勤務者2名（このうち1名は宿直勤務者でも可）以上を配置し、従業者のうち1名は看護師または准看護師としている。その他、消火設備や非常災害発生に対する必要設備を設置することも必要である。

2）利用者の理解

　小規模多機能型居宅介護の利用者は、介護保険の要支援1・2および要介護1～5の介護認定を受けた者であり、主に中重度の要介護者や認知症高齢者の利用が多い。登録定員数は25名以下で、「通い」の1日当たり定員はおおむね15名以

図5－2　小規模多機能型居宅介護のイメージ

基本的な考え方：「通い」を中心として、要介護者の様態や希望に応じて、随時「訪問」や「泊まり」を組み合わせてサービスを提供することで、在宅での生活継続を支援する。

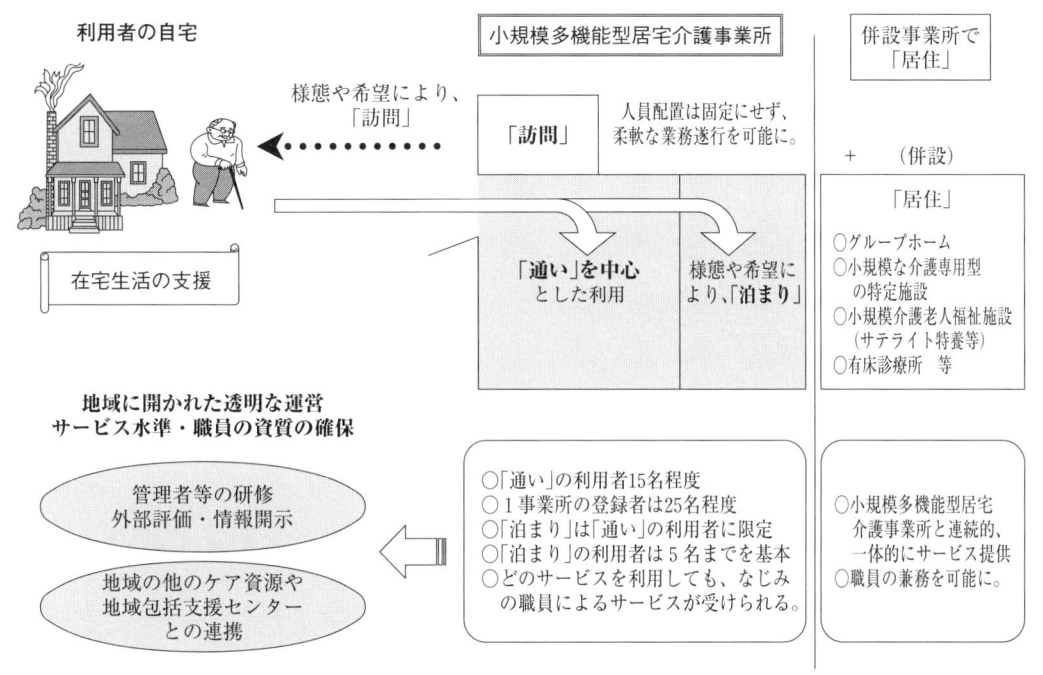

利用者の自宅／在宅生活の支援

小規模多機能型居宅介護事業所
様態や希望により、「訪問」
人員配置は固定にせず、柔軟な業務遂行を可能に。
「通い」を中心とした利用
様態や希望により、「泊まり」

併設事業所で「居住」
＋（併設）
「居住」
○グループホーム
○小規模な介護専用型の特定施設
○小規模介護老人福祉施設（サテライト特養等）
○有床診療所　等

地域に開かれた透明な運営
サービス水準・職員の資質の確保
管理者等の研修　外部評価・情報開示
地域の他のケア資源や地域包括支援センターとの連携

○「通い」の利用者15名程度
○1事業所の登録者は25名程度
○「泊まり」は「通い」の利用者に限定
○「泊まり」の利用者は5名までを基本
○どのサービスを利用しても、なじみの職員によるサービスが受けられる。

○小規模多機能型居宅介護事業所と連続的、一体的にサービス提供
○職員の兼務を可能に。

出典：「第31回社会保障審議会介護給付費分科会」資料

下、「泊まり」の1日当たり定員はおおむね9名以下と定められており、登録者のみが利用することができる。これまで、特に認知症高齢者の場合、「通い」「訪問」「泊まり」のサービスをそれぞれ別の施設や事業所で受けていたため、スタッフや環境の変化に適応できず、不安や混乱を生じ症状が悪化することもあった。しかし、小規模多機能型居宅介護は、利用者にとって、「通い」も「訪問」も「泊まり」も馴染みのスタッフで対応するので、連続性のあるケアができ、24時間365日、住み慣れた地域で家族や親しい友人と共に安心して暮らすことができる。

　サービスの利用にあたっては、月額定額制でありサービス費用の1割を負担する。また、食費（食材料費、調理費）、居住費、日常生活費（理美容代など）は利用者負担となる。利用者は、このサービスを利用しながら、訪問看護、訪問リハビリテーション、居宅療養管理指導、福祉用具貸与を利用することもできるが、その他のサービスは利用できない。

3）介護職員の業務内容

　通所（デイサービス）、訪問（ホームヘルパー）、宿泊（ショート）の1日の流れの時間帯は、事業所によってさまざまである。基本的に決まったプログラムはなく、介護職員は、利用者一人ひとりの希望、必要性に応じて柔軟に対応し、利用者が安心して在宅で生活できるようサポートすることが大切である。

　業務を遂行するにあたっては、利用者一人ひとりの人格を尊重し、生活リズムを把握して懇切丁寧に行う。また、利用者の自立を支援するため、食事づくりや配膳、身の回りなど、本人ができることを見出し、利用者ができることについては一緒に行うように心がけることが大切である。

表5-21　小規模多機能型居宅介護の1日の流れ（例）

時　間	利用者の1日の生活	介護職員の業務内容
6：00	起床、着替え、洗面、整容等 朝食準備（手伝い）	起床の声かけ、その他介助 朝食準備（声をかけて一緒に行う）
8：00	朝食、服薬、朝食片付け（手伝い）	朝食の介助、朝食片付け
8：30	掃除、体操、新聞等	洗濯、掃除、その他体操の支援 送迎（通所サービス利用者）
9：00	健康チェック、お茶、相談など 日常生活動作訓練、レクリエーション、散歩、ゲーム、買い物等	健康チェック、生活相談、日常生活動作訓練、レクリエーション、散歩、ゲーム等の支援
11：30	昼食準備	昼食準備（声かけて一緒に行う）
12：00	昼食、昼食片付け 休憩	昼食の介助、昼食片付け、口腔ケア 休憩（見守り）
13：00	レクリエーション、入浴、清拭、シーツの交換等	レクリエーションの支援、入浴介助、清拭、シーツ交換等
15：00	おやつ、お茶、談話、庭の散歩、テレビ、洗濯物整理等	おやつ、お茶の介助（おやつ作りへの参加呼びかけ）、洗濯物取り入れ、送迎（通所サービス利用者）
17：00	夕食準備 テレビ	夕食準備（声をかけて一緒に行う） 記録、夜勤者への申し送り
18：00	夕食、夕食片付け 談話、排泄、清拭、着替え、歯みがきなど	夕食の介助、夕食片付け 談話、排泄、清拭、着替え等の介助、口腔ケア等、服薬確認
21：00	就寝	就寝への声かけ、消灯、戸締り 巡回、トイレ介助、不眠者対応等
24時間	※訪問サービスは、利用者の必要に応じ、身体介護・生活援支援サービスを随時提供する。	

4）観察の視点と実習項目

①観察の視点

　小規模多機能型居宅介護は、中重度の要介護者や認知症高齢者の利用者が多い。このような高齢者を対象に、通い、泊まり、訪問のサービスを柔軟に組み合わせ、利用者が自宅で安心して生活が継続できるよう、これら3つのサービスを同じスタッフで必要に応じ切れ間なく提供するのがこのサービスの大きな特徴である。したがって、介護職は、利用者の個々の生活状況をよく観察し、変化するニーズに速やかに対応するとともに、自立支援の観点からもケアする必要がある。

　実習生は、このようなサービスを理解し、介護スタッフが行っている少人数を対象としたきめ細かな支援をよく観察し、実践方法について学ぶようにする。

②実習項目

▶コミュニケーション

　介護は、まずコミュニケーションから始まるといっても過言ではない。特に初めの挨拶は大切である。笑顔で爽やかに挨拶を交わし、利用者の反応を捉えながらコミュニケーションを図れるように努める。そのためには、利用者を尊重した態度、適切な言葉遣い、話や訴えを傾聴し、受容する姿勢で臨む。また、非言語的コミュニケーションにも心がけ、スタッフの認知症高齢者等への接し方をよく見ておく。

▶実習を通して次の小規模多機能型居宅介護の特徴や機能について理解する
- 地域に根ざした小規模の施設である。
- 利用者は、家庭的な環境の下、通い、訪問、泊まりのサービスを柔軟に組み合わせて受けることができる。
- 24時間365日、年中無休であり、急な宿泊にも対応できる。
- 通い（デイサービス）で顔なじみのスタッフが、家庭での訪問サービスや宿泊時の介護をするので、連続性のケアができ利用者の不安を軽減できる。

▶小規模多機能型居宅介護における介護スタッフの実践方法について学ぶ
- スタッフは決められた時間にとらわれるのではなく、利用者がそれぞれの役割をもって日常生活を送ることができるよう配慮しながら支援する。
- 利用者の心身の状況に応じ、利用者の自主性を保ち、意欲的に日々の生活が送れるよう支援する。
- 家族や地域との関係調整も含めたケアを実施する。
- 利用者と一緒に、食事や掃除、洗濯、買い物、園芸、農作業、レクリエーション、行事等を可能な限り共同で行う。

●引用文献●

[第1節4　養護老人ホーム]

1)「社会福祉法人清友会　養護老人ホーム若草園」施設紹介

[第1節5　ケアハウス・特定施設]

2) 厚生労働省「政策レポート　高齢者の住まい」
http://www.mhlw.go.jp/seisaku/2009/03/01.html

3) 厚生労働省「平成21年版　高齢社会白書」
http://www8.cao.go.jp/kourei/whitepaper/w-2009/gaiyou/pdf/1s1s.pdf

4) 同上
http://www8.cao.go.jp/kourei/whitepaper/w-2009/zenbun/pdf/1s3s_1.pdf

5)「社会福祉法人清栄会　ケアハウスきたうら」パンフレット、「社会福祉法人みずほ　ケアハウスうらやす」パンフレット（重要事項説明書）、「社会福祉法人豊潤会　ケアハウスハウスフル踏青園」パンフレット（重要事項説明書）

6) 厚生労働省「平成21年版　高齢社会白書」
http://www8.cao.go.jp/kourei/whitepaper/w-2009/zenbun/pdf/1s2s_1.pdf

[第1節6　障害者支援施設（旧身体障害者療護施設）]

7) 難病情報センター
http://www.nanbyou.or.jp/what/nan_itiran_45.htm
http://www.nanbyou.or.jp/what/nan_kouhu1_win.htm

[第2節5　認知症対応型共同生活介護（認知症高齢者グループホーム）]

8) 9)『地域密着型サービス　サービス評価ガイドブック（2006年度版）』認知症介護研究・研修東京センター　2006年　p.18

●参考文献●

[第1節1　介護施設での実習のポイント]

・社会福祉士・介護福祉士・社会福祉主事制度研究会監修『改訂版　社会福祉士・介護福祉士・社会福祉主事関係法令集』第一法規出版　2009年
・介護福祉士養成講座編集委員『介護総合演習・介護実習』中央法規出版　2009年
・峯尾武巳・黒澤貞夫『介護総合演習　実習をとおした学びの目標と課題』建帛社　2009年

[第1節2　介護老人福祉施設（特別養護老人ホーム）]

・京極高宣編『平成17年度版　介護保険法六法』新日本法規出版　2005年
・厚生労働省「個室・ユニット化ガイドライン」2003年
・辻哲夫ほか『ユニットケアのすすめ』筒井書房　2000年
・吉田宏岳監『介護福祉実習』みらい　2000年
・西谷達也『施設革命Ⅰ　ユニットケア』筒井書房　2000年
・大森彌編『新型特別養護老人ホーム―個室化・ユニットケアへの転換』中央法規出版　2002年

[第1節3　介護老人保健施設]

・吉田宏岳監　前掲書
・岡本千秋編『最新介護福祉全書17：介護福祉実習指導　第3版』メヂカルフレンド社　2005年
・ケアワークマスター研究会編『介護実習ハンドブック』久美　2000年

[第1節6　障害者支援施設（旧身体障害者療護施設）]

・中西正司・上野千鶴子『当事者主権』岩波書店　2003年
・ベンクト・ニィリエ『ノーマライゼーションの原理〔新訂版〕―普遍化と社会変革を求めて』

現代書館　2004年
・障害者福祉研究会編『障害者自立支援法　障害程度区分認定ハンドブック三訂版』中央法規出版　2009年
・小澤温編『よくわかる障害者福祉　第4版（やわらかアカデミズム・〈わかる〉シリーズ）』ミネルヴァ書房　2008年
・小山内美智子『あなたは私の手になれますか─心地よいケアを受けるために』中央法規出版　1997年

[第1節7　重症心身障害児施設]
・全国重症心身障害児（者）を守る会施設一覧
　http://shoufukumemo.com/zenkoku/shisetsu0.htm
・愛知県重症心身障害児施設パンフレット
・東京都神経科学総合研究所　http://www.tmin.ac.jp/index.html
・重症児の知識　http://homepage3.nifty.com/akitsuryoikuen/tisiki.html
・京極高宣『障害者自立支援法の解説』全国社会福祉協議会　2005年
・小澤温・北野誠一編著『障害者福祉論』ミネルヴァ書房　2006年
・亀山幸吉・佐藤久夫編『最新介護福祉全書3：障害者福祉論』メヂカルフレンド社　2005年
・福祉士養成講座編集委員会編『児童福祉論新版第3版』中央法規出版　2005年

[第1節8　救護施設]
・中川健太朗監　大阪福祉事業財団高槻温心寮編『救護施設との出会い─「最後の受け皿」からのメッセージ』かもがわ出版　2003年
・全国救護施設協議会「平成19年度全国救護施設実態調査報告書」

[第2節1　介護サービス事業所等での実習のポイント]
・福祉小六法編集委員会編『福祉小六法』みらい　2009年
・社会福祉士・介護福祉士・社会福祉主事制度研究会監修　前掲書
・訪問介護実習研究会編『介護福祉士のための訪問介護実習』中央法規出版　2003年
・大橋佳子・須賀美明共著『訪問介護計画書マニュアル　第3版』中央法規出版　2005年
・澤田信子・島津淳・戸栗栄次・菊池和則著『よくわかる介護保険制度イラストレイテッド　第3版』医歯薬出版　2006年
・峯尾武巳・黒澤貞夫『介護総合演習─実習をとおした学びの目標と課題』健帛社　2009年

[第2節2　デイサービス（通所介護）]
・吉田宏岳監『介護福祉学習事典』医歯薬出版　2007年
・坪山孝監『最新介護福祉全書8：介護総合演習』メヂカルフレンド社　2008年
・介護福祉士養成講座編集委員会編『新・介護福祉士養成講座10：介護総合演習・介護実習』中央法規出版　2009年
・吉田節子・川嶋玲子・後藤真澄編『ワークで学ぶ介護実習』みらい　2007年

[第2節3　訪問介護（居宅介護）]
・吉田節子・川嶋玲子・後藤真澄編　前掲書

[第2節4　訪問入浴]
・吉田節子・川嶋玲子・後藤真澄編　前掲書

[第2節5　認知症対応型共同生活介護（認知症高齢者グループホーム）]
・福祉小六法編集委員会編　前掲書
・『地域密着型サービス　サービス評価ガイドブック（2006年度版）』認知症介護研究・研修東京センター　2006年
・認知症介護研究・研修東京センター企画『認知症グループホーム評価調査員研修テキスト─

外部評価に向けて（2004年版）』 2004年
・小室豊允編集代表『高齢者施設用語事典』中央法規出版　2007年
・上田理人著、山井和則監『改訂新版　グループホームの基礎知識』リヨン社　1990年
・外山義編著『グループホーム読本―痴呆性高齢者ケアの切り札』ミネルヴァ書房　2000年
・バルブロ・ベック・フリース『スウェーデンのグループホーム物語―ぼけても普通に生きられる』京都21プロジェクト　1999年

[第2節6　小規模多機能型居宅介護]
・小室豊允編集代表　前掲書
・宅老所・グループホーム全国ネットワーク・小規模多機能ホーム研究会・地域共生ケア研究会編『宅老所・小規模多機能ケア白書2008』全国コミュニティライフサポートセンター　2008年
・吉田節子・川嶋玲子・後藤真澄編　前掲書

第6章 介護実習共通スキル

1 調理、清掃、衣服・洗濯の支援

1　調　理

1）調理の意義と目的

　「調理」とは食材に物理的・科学的操作を加えることにより、食材をよりおいしく食べることができる状態をつくる作業のことをいい、そのための過程を含めて「調理」という。

　調理の意義は、①人体に有害な物質を除去することや、寄生虫やウイルスを死滅させて人体への感染を防ぐこと（安全性）、②栄養の消化・吸収を助ける（栄養性）、③食欲を増進させ、満足感を得る（嗜好性）、④家族・知人などが一つの食卓を囲むことで親密さやコミュニケーションを図る（共食）、⑤食文化の伝承などである[1]。

2）調理の方法と基本的な理解

　現在の調理は大きく分けると日本料理・中華料理・西洋料理の3つに分けられる。高齢者や障害者の食事を考えた時、食べ慣れた日本料理（一般家庭の料理）が最も受け入れられやすく、好んで食べるものとしてあげられる。また、日本料理は四季を感じることができ、それぞれの季節を楽しむ食卓作りが必要となってくる。

　調理の方法は加熱一つをとっても多様な加熱方法がある。煮る・焼く・蒸す・炒める・揚げる等があり、1回の食事のなかで調理方法の重なりが少なくなるように工夫する必要がある（刺身のような生ものの取り扱いは十分に注意する）。

　食材の重なりを避け、過不足ない栄養価の摂取を心がけ、何より食事が生きがいの一つになるよう、楽しく自ら進んで食べることをめざして調理の内容を検討する必要がある。

3）高齢者・障害者の食事のポイント

①栄養価のバランスはよいか
　高齢者は生活習慣病等、何らかの疾病を発症している可能性が高いため、各々にあった食事のバランスを考えた献立を検討する。

②準備した食事は適量であるか
　食事のバランスだけを考えて調理を行うと、高齢者・障害者が食べきることのできない食事量が準備されることがある。加齢に伴い食事量が減っていくことも考慮して食事量を準備しなければならない。

③味つけは薄味であるか
　高齢者の舌にある味蕾は減少しており、そのため通常の味ではなかなか味を感じにくくなっている。食事は、すべてのものを薄味にするのではなく、献立にメリハリをつけて準備するとよい。また、薄味にするため香辛料をうまく利用し、塩分を抑えるような方法を身につけるとよい。だしを通常より濃くし、酸味を添加することで余分な塩分の摂取を抑えるような方法がよい。

④食欲のでる盛りつけであるか
　四季を感じるような献立のなかに食材の彩りや食器の工夫等、食欲を旺盛にするための工夫が必要となる。目で見て楽しむ食事は高齢者・障害者の食事への意欲を向上させる。

⑤安全・簡単に調理ができるか
　調理を通して自立支援を行うことが大きな目標となるが、第1には安全に調理をすること、高齢者・障害者にもできることは手伝ってもらい、気軽に調理できることが大切である。高齢者・障害者のもっている力を客観的に判断し、最も安全な調理方法を見つけることが必要である。

ワーク6－1 高齢者の食事をつくるうえで、注意すべき点・気をつけなければならない点を具体的に考えてみよう。

①健常な高齢者の昼食献立（一汁三菜）（9月）

献立：
_____
_____
_____

注意した点、気をつけた点：
_____
_____

②軽度の糖尿病を発症している高齢者の昼食献立（一汁三菜）（4月）
献立：

注意した点、気をつけた点：

2　清　掃

1）清掃の意義と目的

　私たちは住環境を整備することで、快適であり衛生的に住まうことを満たしてきた。快適な住まいで生活するために「清掃」は欠かせないものであり、日常的に行われるべき生活援助の一つである。「清掃」を怠ることが、健康を害することとつながりをもっていることを理解することが大切であり、健康な住生活を送ることは「定期的な清掃活動の充実」が必要である。
　高齢者施設における清掃方法および留意点は下記のとおりである。
①こまめに換気を行い、未然に結露やカビの発生を防ぐ。
②付着した汚れはしっかり落とす。汚れは時間とともに落ちにくくなるので、経過時間を長びかせないように早めに汚れを落とす。
③清掃中は利用者が安全で快適に過ごせるように清掃中であることを何らかの方法で知らせる（立て看板などで注意を促す）。

2）清掃の方法と基本的理解

　清掃とは汚れを取り除くことであり、汚れには多くの種類がある。水で取れる汚れは水ぶきをして落とし、洗剤を利用することによりさらに汚れ落ちがよくなることがわかる。また、有機溶剤を使用して落とす汚れもあり、汚れは早期発見、早期処置を実施することが大切である。
　汚れを落とすためには掃除用具と洗剤が必要であり、それぞれの汚れにあった掃除用具や洗剤の選択ができる知識が必要である（図6－1参照）。

図6−1 洗濯・掃除のための洗剤選び

※利用者宅では掃除道具や洗剤類が十分にそろっているとは限りません。あるもので行います。その際のめやすとして活用してください。

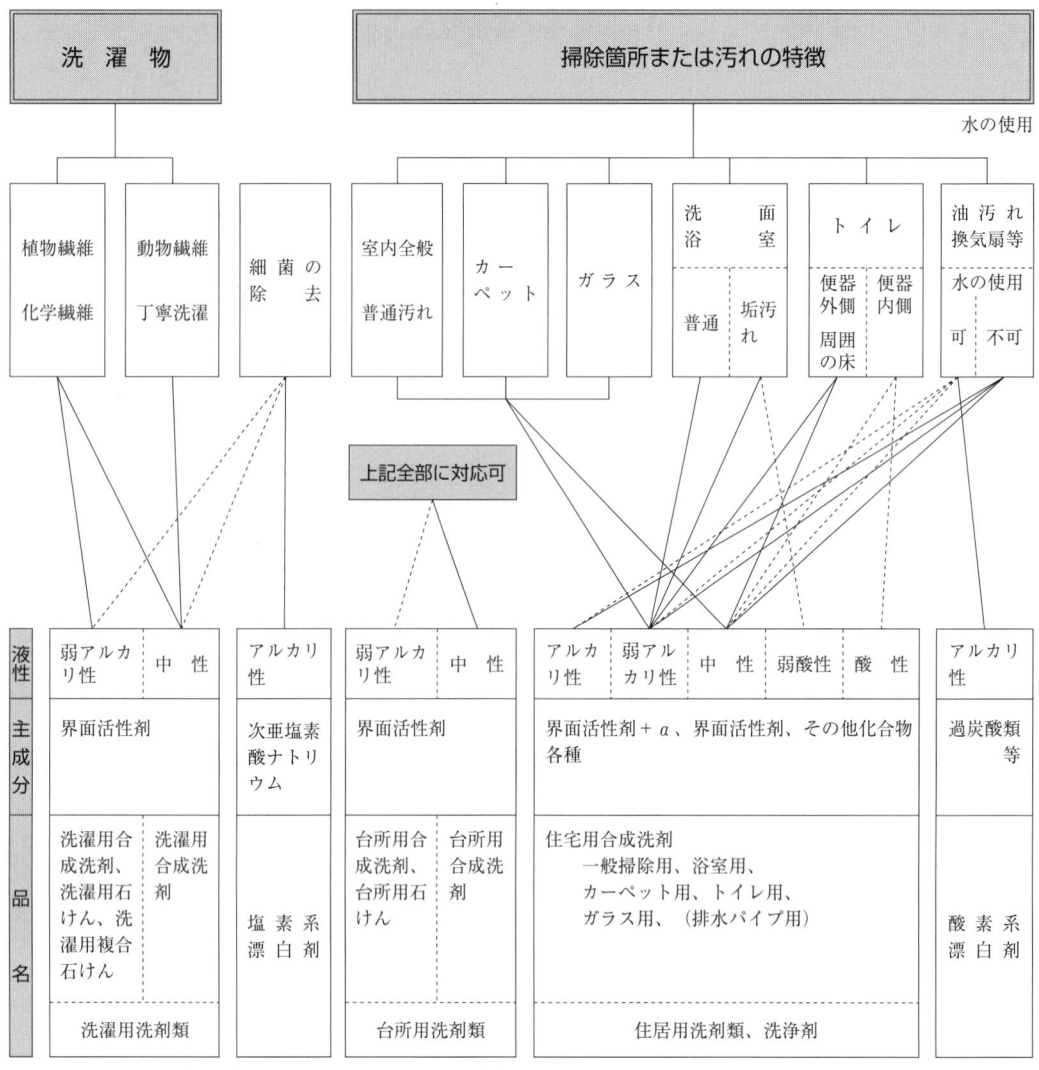

洗濯物
- 植物繊維／化学繊維
- 動物繊維／丁寧洗濯
- 細菌の除去

掃除箇所または汚れの特徴（水の使用）
- 室内全般・普通汚れ
- カーペット
- ガラス
- 洗面室・浴室（普通／垢汚れ）
- トイレ（便器外側周囲の床／便器内側）
- 油汚れ・換気扇等（水の使用 可／不可）

上記全部に対応可

液性	主成分	品名	分類
弱アルカリ性／中性	界面活性剤	洗濯用合成洗剤、洗濯用石けん、洗濯用複合石けん／洗濯用合成洗剤	洗濯用洗剤類
アルカリ性	次亜塩素酸ナトリウム	塩素系漂白剤	
弱アルカリ性／中性	界面活性剤	台所用合成洗剤、台所用石けん／台所用合成洗剤	台所用洗剤類
アルカリ性／弱アルカリ性／中性／弱酸性／酸性	界面活性剤＋α、界面活性剤、その他化合物各種	住宅用合成洗剤　一般掃除用、浴室用、カーペット用、トイレ用、ガラス用、（排水パイプ用）	住居用洗剤類、洗浄剤
アルカリ性	過炭酸類等	酸素系漂白剤	

——— それぞれに対して使用できる　　……… 他に適当なものがないときに使用可能

注：洗剤類や、用剤類の取り扱いや保管には、十分に注意してください。製品には品質表示とともに「使用上の注意」と「応急処置」が記載されています。購入時や使用時に必ず読む習慣をつけましょう。

出典：ホームヘルパー養成研修テキスト作成委員会『訪問介護員（ホームヘルパー）養成研修テキスト2級課程3：生活援助・相談支援・関連領域』財団法人長寿社会開発センター　2007年　p.63

ワーク6-2 居宅空間の掃除方法を具体的に書き、毎日掃除が必要な場所を選び、その理由を話し合ってみよう！

①場所

〈洋室〉

壁：

床（フローリング、カーペット）：

その他（カーテン、家具）：

〈和室〉

壁：

畳：

その他（障子、ふすま、家具）：

〈台所〉

レンジ周り：

換気扇：

水周り：

冷蔵庫：

〈風呂場〉

壁：

床：

浴槽：

〈窓ガラス〉

〈玄関〉
壁：

床：

〈トイレ〉
床：

便座：

②毎日掃除が必要な場所
場所：

理由：

3　衣服・洗濯

1）衣服の意義と目的

　　衣服を着ることの目的は、①生理的・物理的機能と、②精神的・社会的機能に分けられる。

①生理的・物理的機能
・身体保護機能…からだの安全を守る
・体温調節機能…体温調節が可能となり、暑さ寒さからからだを守る
・衛生保持機能…肌着の着替えを行い、皮膚を清潔に保つ

・活動性の向上機能…身体各部の機能をよりスムーズにする
②**精神的・社会的機能**
・自己表現機能…他人との違いを表現する（自己表現の一つ）
・情報伝達機能…社会に対して自分の役割を表現する
・個別性と共通性の表示機能…同一集団の表現と集団のなかでの差別化を表現する
・変身機能…本来の自分とは違う自分を表現する

2）洗濯の意義と目的

衣服は着用することにより汚れやしわがつき、衛生面・保温性・吸水性などが劣化して、機能が低下する。その機能を回復・再生させるために洗濯を行う。

洗濯は、衣類の点検、分類、洗浄、すすぎ、脱水、乾燥過程がある[2]。

一般の衣服には洗濯表示がついており、それを参考に洗濯を実施することがよい。洗濯方法、洗剤の種類、水温、干し方が明記してあるためそれを参考にする。

ワーク6-3 高齢者の肌着やパジャマの洗濯表示図を写し、洗濯方法等を解説してみよう！

洗濯表示図	洗濯方法等の解説

2 コミュニケーションスキル

1 コミュニケーションの意義・目的

　以心伝心に価値を置いてきた日本人にとってコミュニケーションとは新しい概念であり、感覚的な理解にとどまっていることもある。日本語としては「情報伝達」「意思疎通」、あるいはもう少し大きな概念で「人間関係」と訳されることもある。つまり、コミュニケーションの本来の目的は、情報伝達、意思疎通を図ることでお互いの理解を深め、信頼関係を構築することにある。二義的にはコミュニケーションの過程こそが人間関係を豊かにし、他者との相互関係から自己のふり返り、成長につながるという意義もある。

　利用者とうまくコミュニケーションがとれないと感じたときは、根本に戻ってその目的を確認してみよう。利用者の何を知りたいのか、利用者に何を伝えたいのかを考えると自分がやるべきことがみえてくる。

2 コミュニケーションの種類と技法

　コミュニケーションの種類としては、話し言葉や書き言葉など、言語を用いる「言語的コミュニケーション」と、しぐさ・態度などの行動や、表情・視線・姿勢・ファッションなどの身体の様子からメッセージを発する「非言語的コミュニケーション」がある。話し方（声量、抑揚など）はテキストによって非言語に分類されたり、「準言語」としているものもある。感情は非言語のほうが伝わりやすく、言語と非言語のメッセージが矛盾しているときは非言語のほうを信用しやすい。また、非言語は習慣として表されることもある。このような特徴を理解したうえで利用者の真のメッセージを理解していきたい。

　利用者とのかかわり方の技法は、すでに複数の科目で学習していると思われるが、ここではアレン・E・アイビイによる『マイクロカウンセリング"学ぶ－使う－教える"技法の統合』（福原真知子訳編、川島書店、1985年）を参考にして要点を整理した。

1）基本的なかかわり方

①**関心を示す、あるいは傾聴の技法**
　・視線を適切に合わせる
　・身体言語に配慮する…相手のほうへ少し体を傾けて聴く、腕を組まないなど。
　・自然な声の調子

②「質問」を活用して情報の追加、確認、またコミュニケーションの展開を図る
・閉じられた質問…「はい」「いいえ」で答えられるような質問。
・開かれた質問…「あなたはどう思われますか」「そのことについて詳しく教えていただけますか」のように本人が自由に話せる質問。
③共感の技法…相手の気持ちや感情を正確に感じ取り、応答する。つまり相手の気持ちに寄り添うことである。感情の表現の方法は人さまざまであるのでその特徴を知っておくとよい。言語的に応答するには「～（理由）だから、～（感情・思い）なのですね。」という方法がある。
④その他、明確化や要約、励まし、促し

2）積極的なかかわり方

①指示…どのような行為をとるべきか明示する
②自己開示…自分自身の考えや感じたことを示す
③情報提供

ワーク6-4　プロセスレコードを作成してみよう！

　プロセスレコードとは、利用者とかかわった一つの場面を取り上げ、相手と自分自身の言動を記録するもので、自己のコミュニケーションのあり方を客観的にふり返るものである。コミュニケーション能力を高め、利用者理解を深めるだけでなく、必然的に自己理解にもつながる。
　実際に体験した場面を取り上げ、空欄のプロセスレコード用紙（p.158）に記録しよう！

[記載方法のポイント]
①記入例（p.157）のように時間の経過に沿って番号をふる。
②「この場面を選んだ理由」…気になる、ショックを受けた、悲しかった、嬉しかった、戸惑ったなど、自分の気持ちがどのように動いたかを記入する。
③「利用者紹介」…実名はつかわない。年齢と性別、対応の仕方に影響する状況など、コミュニケーションに直接関係する最小の情報だけでよい。記入例の場面では、利き手が使えないことが態度や会話に関連してきているため情報として記入している。
④「利用者の言動」…言葉だけでなく態度や表情について、ありのままに事実を書く。
⑤「私が感じたこと・考えたこと」…そのときの自分の感情や考えを書く。
⑥「自分の言動」…利用者の言動にどのように反応したかを書く。

⑦「この場面から考えたこと」…場面全体からの気づきや感想をまとめる。
⑧「自分の言動の分析・考察」…コミュニケーションの技法、バイステックの7原則、職業倫理、福祉の理念などを判断基準（ものさし）に、自分の言語的・非言語的コミュニケーションは適切だったか、効果的だったかをふり返ってみる。

- ☐ 利用者の話を傾聴しているか
- ☐ 共感的な言動を示したか
- ☐ 自分の主観で決めつけていないか
- ☐ 利用者を受容しているか
- ☐ 利用者への関心はもっているか
- ☐ 「質問」の種類を活用しているか
- ☐ コミュニケーションを邪魔しているものはないか
- ☐ スキンシップは適切に行ったか
- ☐ 支持、励まし、沈黙、明確化、くり返しなどを活用して話しやすい雰囲気をつくったか
- ☐ 本人の意思を尊重しているか
- ☐ 言語的・非言語的メッセージは正しく伝わったか　など

〈記入例〉 **プロセスレコード**

場　面	レクリエーション活動でバラの花の塗り絵を行おうとしている。
この場面を選んだ理由	体調がよいと聞いていたが、レクリエーションはやる気のない様子なので気になった。
利用者紹介	Aさん（82歳女性）　　右片麻痺があるが言語障害や難聴、認知症はない。

利用者の言動 （態度と言葉）	私が感じたこと 考えたこと	自分の言動 （態度と言葉）	自分の言動の分析・考察 （ふり返り）
① 配られた塗り絵を手に取りじっと見つめている。言葉は発しない。	② やる気がないのかな。でも誘ってみよう。	③ Aさんに向かい合い、視線を合わせて「Aさん、何色で塗りますか？」	③の言動に対する分析 向かい合い視線を合わせることはAさんへの関心を示している。閉じられた質問を使って、コミュニケーションのきっかけにしようと考えた。
④ クレヨンを指さしながら「赤色がいい」という。	⑤ よかった、やる気はあるのだ。	⑥ やはり視線を合わせながら「じゃあまずこちらの花びらから塗りましょうか？」	⑥の言動に対する分析 少し誘導的で指示的な質問だったかもしれない。Aさん本人にどこから塗るか決めてもらったほうが（自己決定）、意欲が続いたかもしれない。
⑦ 表情は虚ろであり、元気のない口調ではあるが、「はい」と応え、ゆっくり左手で塗り始める。	⑧ やってくれてうれしいけれど表情が気になるなあ…。	⑨ 隣に腰かけ塗っている様子を見ている。	⑨の言動に対する分析 対面から隣に位置したことで圧迫感を和らげることができる。リラックスして塗り絵をやってもらいたいと考えた。
⑩ 片手しか使えず少しずつしか進まないが一生懸命な様子。「こんなのでいい？」と少し不安そうに尋ねられる。	⑪ ゆっくりしか進まないから自信をなくしているのかな。でも反応があってうれしい。	⑫ 笑顔で「きれいに塗れていますね。その調子でやってくださいね」と話す。	⑫の言動に対する分析 不安そうなので自信をつけてもらおうと励ました。
⑬ しばらく続けていたが「もういやだ、できない。」とクレヨンを投げ出す。	⑭ 片手でやっているから疲れたのかな。でもこのままだと完成しない。手伝おう。	⑮ Aさんの顔を見て、クレヨンを持つ手を支え「じゃあ一緒に塗りましょう」と塗り始める。	⑮の言動に対する分析 やりたくなくなったAさんの気持ちに理解、共感するより「完成させなくてはならない」といった自分の気持ちを優先させてしまった。
⑯ 声かけに対してうなずき一緒にやっていたが、少しして不機嫌そうに「もう疲れた、できない」と何度も繰り返して言う。	⑰ Aさんはもうやりたくないのだな。でも完成させないと…。	⑱ Aさんの肩に手を置き、顔を見て「私が手伝いますから頑張りましょう」といい、手伝いながら完成させた。 ⑲ 拍手しながら「Aさん、きれいにできましたね。赤い色がかわいいですね」と声かけをする。	⑱、⑲の言動に対する分析 表情や言葉からもう限界だというメッセージを送ってくれているのに、完成させることにこだわってしまった。Aさんの気持ちに応えられていない。完成の喜びを共有しようと拍手したりねぎらいの言葉をかけたり、スキンシップを試みたが、Aさんの状態に変化はなく疲れさせてしまった。
⑳ 声かけにうなずかれたが、ぬり絵を見ることもなく無関心な様子。	㉑ 無理強いしてしまっただろうか…。		

この場面から考えたこと	レクリエーションはできばえや結果にこだわらず、楽しく行ってこそ効果があるものなのにAさんの気持ちを受容せず、塗り絵を強要させてしまった。身体状況からも疲労度が高いことが予測されるが、その点の配慮も不足した。本人の意思を尊重し、身体状況も理解し、Aさんの関心のもてる楽しい話題を探しながらレクリエーション活動の時間を楽しんでもらうべきだった。

プロセスレコード

場　　面	
この場面を選んだ理由	
利用者紹介	
利用者の言動 （態度と言葉）	私が感じたこと 考えたこと	自分の言動 （態度と言葉）	自分の言動の分析・考察 （ふり返り）
この場面から 考えたこと	

ワーク6-5　共感を示すコミュニケーション

このワークでは利用者との意図的なかかわり方について、利用者の自己開示につながり、信頼関係に必要な「共感」を取り上げて考える。

次のような場面で言語的・非言語的にどのように共感を示すかを空欄に記入し、完成後にロールプレイを行って、気づきや感想、考えたことを話し合おう。まずはじめに利用者の心理を想像するところから始めよう！

〈ロールプレイの条件〉

Aさん：87歳の女性で要介護度は2、特別養護老人ホーム入所歴は10年になる。軽度の左片麻痺があり、ADLは一部介助だが、杖を使用して独歩は可能である。認知症はない。
学　生：あなた自身
場面：Aさんの隣に腰掛け、一部食事介助を行っていたとき、下記のように話しかけられました。あなたは言語的に、また非言語的にどのように共感を示しますか。

Aさん：右手に持っていた箸を置き、やや上を向いて「死ぬまでに親の墓参りに行きたいなあ。ここに入ってからは一度も行っていなくて…。」

学　生：言語的に…

非言語的に…

Aさん：「お墓は四国の愛媛にあるんですよ。遠すぎるなあ…。」と私のほうを向き、話す。

学　生：言語的に…

非言語的に…

Aさん：「職員の方に相談しようと思うのですが、あまりに遠いので言いにくくて…。」と下を向いて箸で食べ物をつつきながら話す。

学　生：言語的に…

非言語的に…

3 グループ・カンファレンス

1 グループ・カンファレンスの意義・目的

　カンファレンスとは、会議、会談、相談、協議などの意味がある。つまり、カンファレンスとは、一人ではなく何人かの参加者が集まり、何かの議題について話し合うことであり、問題を解決していく場である。介護福祉の現場においてもさまざまなものがある。例えば、日々の介護業務等に関することを話し合う寮父母会議、1年間の施設行事等に関することを話し合う運営会議などがあるが、一般的に介護福祉の現場でカンファレンスといえば、多くの場合ケース（事例）・カンファレンスを指す。ケース・カンファレンスは、対象者への理解を深め、多職種がかかわりあいながら、共通の目標に向かっていくために理解し、情報を共有化し、よりよいサービスを提供するために話し合うための場である。したがって、介護実習のなかでグループ・カンファレンスを学ぶということは、将来介護福祉士として必要な能力を高めるための大切な学習の一つである。

　実習中のグループ・カンファレンスの主な目的は、自己評価・問題点の解決・情報交換・指導である。

①**自己評価**

　実習は学生が一人ひとり目標をもって臨むものである。その目標に対してどれくらい達成しているのか、また、課題は何なのかを明確にして、今後の学習につなげる必要がある。実習内容や介護行動を自分で客観的にみることは、自分の弱点を克服していくうえで大切なことである。

②**問題点の解決**

　実習中は、介護技術や利用者への対応などについていくつかの問題点が出てくる。学生は、積極的に実習指導者や教員に相談し、次の機会には利用者に適切な介護や対応を心がけることが大切である。

③**情報交換**

　介護計画は、個人的な考え方にとどめず、他者の考え方も検討し、利用者にとってよりよい介護計画にすることが大切である。また、実習中の貴重な体験をお互いに話し合うことで、学生同士が学び合うことは重要である。

④**指導**

　実習で、学生が自分たちの行動や介護行為が適切であるか気づくのは大切なことであるが、実習指導者や教員から経験をいかした指導・助言を受けることも、成長するうえで大切なことである。

2　実習におけるカンファレンスの種類と内容

　実習中のそれぞれのカンファレンスは、学生同士で行うもの、実習指導者や教員が参加して指導・助言を受けるものがある。

①**実習中の毎日のカンファレンス**：その日の体験や行動、利用者・職員から学んだことや感じたことを話し合う。

②**実習の中間時点でのカンファレンス**：これまでの実習をふり返り、自己目標に対してどの程度達成しているのか、達成していない面についてはどのように行動していくのかを発表し、残りの実習につなげる。

③**実習の最終時点でのカンファレンス**：この実習で学んだことや自己目標は達成できたのか、課題として残った面はどのように取り組んでいくのかなど、実習全体を自己評価し今後へつなげる。

3　カンファレンス参加者の役割

　カンファレンスの役割には、司会・書記・参加メンバーがある。

1）司会の役割

①テーマを明確に提示し、カンファレンスの進行方法を説明する。
②発言や討論の方向がずれないように軌道修正をする。
③参加者全員が自由に意見を言える雰囲気をつくり、全員の意見が片寄りなく取り上げられるように声をかけ、調整し、活気のある討論となるようにする。
④発言内容を復唱したり、確認したりして、討論内容が参加者全員にわかるように配慮する。
⑤討論中も常にテーマを意識し、進行の段階に応じて少しずつ討論内容をまとめ、確認しながらその結論は参加者全員が共有できるようにする。
⑥時間内に予定の討論ができるように時間配分を考えながら進行する。
⑦カンファレンスの最後にテーマについての討論の結論をまとめる。
⑧討論の進行状況によってテーマを次回に持ち越したり、次のテーマが決まっていればそれを提示するなど、次回のカンファレンスについて確認する。

2）書記の役割

①参加者の発言の要点をまとめて記録する。発言のなかでの重要なキーワードは、正しくその意味を伝えるために、発言者の発した言葉そのものを記録しておく。
②後で読み返したときに、討論の内容や結論までの進行過程がわかりやすいように、番号や記号を使ったり、段落をかえたり、線を引くなどして工夫する。

③テーマと結論が明確になるように、討論中あるいは最後に司会がまとめた結論は必ず記録しておく。
④司会の要請がある場合は、その時点までの経過や発言の要点を記録から読み上げ、司会進行のサポートをする。
⑤他者へ正確に伝達するために、誤字脱字に気をつけ、丁寧な字で記録する。

3）参加メンバーの役割

①参加者一人ひとりがカンファレンスをつくり上げる責任があるという自覚をもって参加する。
②会場や必要物品の準備と後片付けを協力して行う。
③活発な討論になるように積極的に発言する。
④発言するときは、だらだらと長引かないように内容をまとめ、参加者全員にわかりやすいように要領よく伝える。
⑤途中で話が脱線しないように常にテーマを意識して発言し、司会進行に協力する。
⑥聞き手は発言者の顔を見ながらよく聞き、うなずくなど反応をする。意見があっても途中で中断したりせず、最後まできちんと聞く。
⑦たとえ意見が違ったとしても発言に対しての欠点を探すのではなく、自分はどうするか、どのように考えるかに重点を置く。反対意見を発言する場合も、攻撃的にならないように配慮する。
⑧お互いに意見が出しやすいような和やかな雰囲気をつくる。

4　カンファレンスの展開と留意点

　カンファレンスを行うにあたって、事前に実習指導者や教員と時間や場所の打ち合わせを行い、メンバー全員が情報を共通理解しておくこと、役割分担しておくことが大事である。
①学生からの挨拶：実習指導者・教員に時間をとってくださったことへのお礼、議題、終了時間などについて説明する。
②司会・書記の紹介
③テーマについて：学生は順番に発表していく。
④実習指導者の助言・指導：聞いているだけでなく、メモをとる。
⑤教員からのコメント
⑥学生からの終わりの挨拶：カンファレンスへの出席と指導・助言についてのお礼をする。

ワーク6-6 カンファレンスを計画・実施しよう！

① 例を参考に、1週間分のカンファレンス計画を立ててみよう。

〈例〉

	予定時間	場 所	テーマ	司会者
1日目	16：30〜17：00	会 議 室	利用者との信頼関係の築き方について	A
2日目	16：30〜17：00	会 議 室	施設の業務と利用者の生活の流れについて	B
3日目	16：30〜17：00	会 議 室	帰宅願望のある利用者について	C
4日目	16：30〜17：00	会 議 室	体位変換と褥瘡について	D
5日目	16：30〜17：30	会 議 室	1週間の実習のふり返り	A

カンファレンス計画

	予定時間	場 所	テーマ	司会者
1日目				
2日目				
3日目				
4日目				
5日目				

第6章　介護実習共通スキル

② 次にあげる例を参考に独自のテーマを決め、実際にカンファレンスを行ってみよう。

〈発言内容（例）〉

○参加者　司会A・書記B・メンバーC、D・指導者
○テーマ　Cさんの実習目標について
○時　間　16：30〜17：00

司会A：本日は私たち実習生のために貴重な時間をつくっていただき、ありがとうございます。ただいまより、30分の予定でカンファレンスを行いたいと思います。まずはじめに、メンバーの紹介をします。書記はBさん、メンバーはCさん、Dさん、最後に司会は私Aが行います。よろしくお願いします。それでは、Cさん発表をお願いします。

　　C：私の実習目標は利用者への基本的な接し方を学ぶということで、初日から利用者さんに一人ずつ声をかけ、挨拶と自己紹介を行いましたが、なかなか信頼関係を築くことができません。どうしたら信頼関係が築けるのか考えていますが、わからないので皆さんの意見を聞かせてください。

司会A：それでは、利用者さんとの信頼関係の築き方についてそれぞれの意見を発表してください。まず、Dさんお願いします。

　　D：信頼関係を築くには、まず、利用者さんの名前を覚えることが大事だと思います。名前を覚えて挨拶をするときに、名前を呼んでから挨拶をすると利用者さんも嬉しいと思います。私たちも実習生さんと呼ばれるより、「Dさん」と利用者さんや職員さんに呼んでいただけると嬉しいから。

司会A：利用者さんを名前で呼ぶことが大事ということですね。この意見について皆さんはどう思いますか。

書記B：名前を覚えることも大事だと思いますが、私たちを知っていただくことも必要だと思います。利用者さんは、介護者が誰なのかわからず介護を受けるのは嫌なものだと思います。だから、時間があるときは、利用者さんとコミュニケーションをとるようにしたらどうでしょうか。

司会A：ありがとうございます。名前を覚えることと、コミュニケーションを常にとることが大事ということですね。
　　　　私の考えも発表させていただいてもよろしいでしょうか。私も皆さんと同じですが、私が心がけているのは、コミュニケーションのときに利用者さんが何を訴えようとしているのか、言葉以外の表現も読み取ろうとしていることです。例えば、顔の表情や身ぶりです。それによって、利用者さんの気持ちもわかってくると思います。
　　　　皆さん発表していただきましたが、Cさんはどう思いますか。

　　C：みなさんの発表内容を参考に、今後の実習にいかしていきたいと思います。ありがとうございました。

司会A：最後に指導者さんご指導お願いします。

指導者：皆さんお疲れ様です。（指導内容）。

司会A：指導者さん、カンファレンスに出席してくださりありがとうございました。今後もご指導よろしくお願いします。これでカンファレンスを終了させていただきます。

〈カンファレンスの展開〉

テーマ：

場　所：

日　時：

司　会：

書　記：

メンバー：

〈展開方法〉

1. はじめに　司会・書記・予定時間・テーマなどについての説明
2. テーマについての意見交換
    ・目標は達成できたか
    ・反省点
    ・今後への課題
3. 指導者からの助言
4. まとめ・謝辞

カンファレンスチェックシート

議題（　　　　　　　　　　　　　　）日時（　　　　　　　　　　　　　）

役割	チェックリスト	評価 1～5	気づいた点
司会者 (　　)	始め・終わりの挨拶はできていたか		
	テーマを明確に掲示していたか		
	進行調整・軌道修正はできていたか		
	意見が言える雰囲気づくりを心がけていたか		
	時間内に目標達成できるように進行していたか		
メンバー (　　)	責任をもって参加していたか		
	積極的に発言していたか		
	発言者の顔を見ながらよく聞いていたか		
	発言内容はテーマに沿っていたか		
	意見があっても中断せず、最後まで聞いていたか		
	必要なことはメモをとっていたか		
メンバー (　　)	責任をもって参加していたか		
	積極的に発言していたか		
	発言者の顔を見ながらよく聞いていたか		
	発言内容はテーマに沿っていたか		
	意見があっても中断せず、最後まで聞いていたか		
	必要なことはメモをとっていたか		
メンバー (　　)	責任をもって参加していたか		
	積極的に発言していたか		
	発言者の顔を見ながらよく聞いていたか		
	発言内容はテーマに沿っていたか		
	意見があっても中断せず、最後まで聞いていたか		
	必要なことはメモをとっていたか		
メンバー (　　)	責任をもって参加していたか		
	積極的に発言していたか		
	発言者の顔を見ながらよく聞いていたか		
	発言内容はテーマに沿っていたか		
	意見があっても中断せず、最後まで聞いていたか		
	必要なことはメモをとっていたか		

4 介護予防・生きがい活動

　介護福祉実習中には、介護予防・生きがい活動支援に関連したさまざまな活動に参加する機会や、実際に学生が計画し、実施する場面も多くある。ここでは、介護予防・生きがい活動の意義・目的をふまえ、施設で取り組まれているさまざまな活動を紹介するとともに、活動支援計画の展開について述べる。

1　介護予防・生きがい活動の意義と目的

　介護予防とは、心身機能の改善や環境調整などを通して、一人ひとりの高齢者が、できる限り要介護状態にならないよう、今の状態が悪化しないよう維持・改善を図り、自立した日常生活を営むことができるように支援することにある。特に、要介護状態になると、疾患・障害や加齢による体力低下などの身体要因、活動意欲の低下など心理的な要因、友人・家族関係、生活環境など環境要因などが相互に関連し、不活動状態となり、廃用症候群に陥ることが予測される。

　そのため、日々の生活活動を通し、「今ある機能」を活用し（介護予防）、持てる力を引き出し、利用者の「したい活動」を支援することにより、利用者の主体的に「する活動」を広げる必要がある。利用者はそれらの活動を通して、満足感、達成感、有用感が得られ、日常生活や人生に対する全体的な充足感を満たし、「生きがい活動」へとつなげていく。利用者一人ひとりの自己実現や生きがい活動を総合的に支援し、生活の質（QOL）を高めることは非常に重要である。

2　さまざまな介護予防・生きがい活動

　地域・施設などの介護福祉現場では、介護予防・生きがい活動につながるさまざまな活動を支援している。季節に応じた伝統行事や利用者の日々の楽しみ、意欲を高めるクラブ活動などの文化的活動、最近では、音楽療法、回想法、園芸療法、アニマルセラピーなどさまざまな療法を取り入れ、利用者のQOL支援を行っている。

1）行事、イベント、クラブ活動

　日本は四季に恵まれ、神社・氏神のお祭り、集落の行事など季節の節々に、健康と安全と幸せを願うさまざまな年中行事が地域や家庭生活のなかで営まれてきた。これまでの生活習慣に少しでも近づけるために、介護福祉現場では、正月、節分、雛祭り、夏祭りなどの行事や、花見、紅葉狩りなど季節にあった活動を取り入れ、生活にハリや潤いを提供している。また、書道、絵画、ちぎり絵、音楽

活動などのクラブ活動を計画的に実施している施設もあり、地域ボランティアなどの人材を活用しながら、利用者の自己実現、QOLを高める活動を支援している。

2）音楽療法

音楽療法は、音楽体験と、それを通して導かれる関係によって、利用者を健康およびwell-beingに資することを目的に行う療法である。音楽療法により、昔のことを思い出し懐かしむ回想法的な対話や、自然に思い出される歌、内面から引き出される歌によって、コミュニケーションや認知・感情・運動・対人関係の維持・回復・改善、生活の質の向上をめざしている。施設では、音楽を用いたさまざまな活動を支援しており、音楽を体感することで仲間と一緒に活動することへの楽しさを感じるよい機会になっている。

3）回想法

回想法は、アメリカの精神科医バトラー（Butler, R. N.）により提唱された心理療法である。会話を用いて、過去の出来事を想起し、経験を解釈したり、語りを経験することにより、対人的な相互作用や情緒の安定を導く効果が期待され、回想を用いた介入方法としてさまざまな場面で活用されている。過去と現在の橋渡しをすることにより、利用者の今ある状況が、以前からの生活の継続性をどこまで実現しているかや、利用者自身のありのままの自己表現を通し今何を必要としているかを把握する方法の一つとなる。利用者の個人としての尊厳を再認識する重要な機会でもある。

4）園芸療法

園芸療法は、身体的な障害や精神的な障害のある人々に対し、農作業を通して治療に役立てるという考え方に立ち、多くの施設で実施されている。園芸活動は、五感を通して体験することにより、くつろぎ・ストレス解消、社会参加、運動能力の改善などさまざまな効果を期待している。特に、利用者の今までの経験で得てきた園芸の知識や技術の提供は、次への活動意欲や生きがいにつながり、苗植え、草むしり、水やりなど継続的な園芸作業は、機能回復訓練や自発的な行動意欲へとつながる。プランター栽培などのさまざまな工夫により多くの利用者が参加できるため効果が期待できる。

5）アニマルセラピー

アニマルセラピーは、高齢者施設や精神科病棟など各施設で、動物を飼ったり、ボランティアの人に動物を連れてきてもらい、コミュニケーション問題や障害の改善に役立てる治療法のことである。1986（昭和61）年に「日本動物病院福祉協

会」が動物とのふれあい運動として、コンパニオン・アニマル・パートナーシップをスタートさせ、さまざまな病院・施設への親愛訪問をしている。人と動物がかかわることにより、心理面・社会面・身体・生理面への効果を期待し、抑うつ、孤独感の減少、不安解消、気力への効果についてさまざまな実証研究がされ、その効果が報告されている。

以上の療法のほか、学習療法、ダンスセラピー、アートセラピーなど、介護福祉現場では利用者のQOLを高めるさまざまな療法の提供をしている。

3　介護予防・生きがい活動の計画と方法

利用者に有効な活動を支援するためには、ICFに学び、心身機能・身体構造、活動・参加の現状、個人・環境因子から利用者の活動ニーズを把握し、どのように支援する必要があるか、その方向性を明らかにすることが大切である。そして、各活動の効果をふまえて、個別およびグループダイナミックスを通して、利用者の介護予防・生きがい活動へとつなげる具体的な活動を展開する。

1）アセスメントから計画の立案

利用者が、「してみたい」という主体的な活動は、前向きな生活意欲や身体機能の維持・回復・改善、生きがい活動につながる。

利用者の適切な生活を支援するには、ICFにおける健康状態や心身状態をふまえ、生活・活動歴、時代背景、生活習慣などの個人因子から活動への興味や関心を引き出し、その活動から期待できる効果を予測し、その利用者の目的に近づけるために目標を定め活動支援計画を立案する。鈴木[3]は、障害の軽減・健康の維持を願う人への効果的な治療的なレクリエーション支援のあり方として、プログラムに対する焦点化と目的・目標のセッティング化の重要性を述べている。個々の活動ニーズを把握し、長期・短期計画により、利用者の自己実現や生きがいに向けた具体的な目標を段階的に設定することが求められる。さらに、活動プログラムを決定する際には、関連する多職種からの意見を参考にして総合的に検討する必要がある。

そして、利用者の心身の状態に沿った活動を人的・物的環境因子との関連からアレンジし、利用者が主体的に楽しむことができる活動へと導く。また、いつでも、だれでも、同じように実施できるよう、より具体的な計画が望まれる。

2）実施および評価

具体的な活動支援計画が立てられると、次に実施段階になる。特に、高齢者や障害がある方々に適切な活動を提供する場合、体力や生理的予備能力、回復力の

低下、血圧の亢進、運動許容量の幅などに対する配慮が必要であり、参加者のパーソナリティーを尊重した対応が望まれる。実施・評価に際しては、表6-1の実施・評価の視点を参考に、プログラムがニーズに沿ったものなのか、展開の仕方が適切か、活動環境は適切だったかなど評価する必要がある。そして、利用者のアセスメント、目標、計画内容を再評価することによって、利用者の活動目的に近づけることが大切である。

表6-1 実施・評価の視点

□実施前の意志と体調確認
・活動の実施日の体調や気分は快調か
・健康状態は良好か
・本人は実施する意志があるか

□環境と条件
・場所や部屋の設備は適切か
・活動の用具は適切か
・動線上に物などの転倒の危険性はないか
・用具そのものに破損などはないか
・飾りつけ、雰囲気作りは良かったか
・プログラムの時間は適切か

□プログラムの内容
・無理なく実施することができたか（健康状態・心身機能面）
・楽しみや魅力のある内容だったか
・個人のニーズに即していたか
・プログラムのうち有効であったものは何か

□プログラムの展開の方法
・プログラムの進行は利用者に合っているか
・徐々に心身の緊張を解きほぐすような配慮をしているか
・どの程度参加できたか（態度・発語）
・どの程度表現できたか
・相互交流がどの程度図れたか

□参加者への配慮
・個人を尊重した態度で接しているか
・どの参加者にも常に一定の距離を持って接しているか

3）活動支援の実際

　表6-2は、活動支援計画および実施後の評価の実際についてまとめたものである。表6-3にあるように、昔懐かしい「鉄道唱歌」の曲に合わせながら、軽いリハビリ体操を行い身体機能の維持を図り、秋をテーマにさまざまな思いつくことをグループで話し合い、ビンゴゲームをして皆で楽しみを分かちあうプログラムを計画した。その後、茶話会をして、次回の活動計画を考えた。計画の段階から利用者の意見を取り上げ、主体的に楽しめるものをつくり上げていくことが大切であり、例えば、リハビリ体操の動作を一つとっても利用者の考えを取り入れるなど、活動支援計画を展開するうえで、工夫が大切である。

表6-2　活動支援計画および実施結果

実施日	20●●年11月1日（ ）	必要物品：使用道具　CDカセット、テープ（リハビリ体操）、ペン3本、模造紙（B4）×3
目　的	リハビリ体操やグループ活動を通して、心身機能の維持を図り、生活を活性化する。特に、居室に閉じこもりがちな利用者に、日中フロアで過ごしてもらう。	経費　和菓子代120円×30個
参加者　24名 スタッフ：介護職員3名　ボランティア3名		①②③④　○は参加者　●は援助者

実施計画および結果

時　間	流　れ	実施時の状況	評価
14：00	活動の目的の説明	どのような活動か、どのような効果があるかについて具体的に説明し、同意を得た。	活動の目的を丁寧に説明することにより、活動への意欲づけとなった。
14：05	リハビリ体操：「鉄道唱歌」の曲に合わせリハ体操をする	立位や椅子、車椅子などその人の状態に合わせて、楽しく行った。同じリズムで同じ動作の繰り返しだったが、かなり身体が暖かくなったようだった。「あつくなったわ」などの声があった。	簡単なリハビリ体操のため、どの参加者も無理なく参加することができた。リズムのある懐かしい唱歌のため入りやすかった。
14：10	ビンゴゲーム	（歴代総理大臣・都道府県名など参加者に合わせてテーマを選ぶ）	
	3つのグループに分かれ、秋にちなんだ食べ物、行事など意見を出し模造紙に記入する。グループで1つ選び、皆で声を揃えて秋のものを言う。その時、他のグループで、同じものがあれば、消すことができる。縦・横・斜めが揃えばあがり。	①のグループは、介護職員がリードしてグループをまとめていた。②③グループは、それぞれが模造紙に思いついたことを回しながら記入していた。意見が出ると、それに関連したことを話すなど、話題が広がることもあった。グループで声を揃えて意見を出す時は、個々が一体となって発声するなど、笑顔も見られかなり盛り上がっていた。	グループや全体発表から、秋にちなんだ事柄を出し合うことによって、その話題が広がり、交流を広げることができた。進め方は、もう少し丁寧な説明を加えるとよかった。16個のマス目に記入することが十分伝わっていなかった。
14：45	自己紹介（名前・年齢と出身地お国自慢をする）	ビンゴゲームに勝ったチームから、名前、年齢および出身地の特産・自慢などを発表した。昔のその地域の様子や謂われなどを知ることができた。	プログラムを提供するのではなく、プログラムを考える段階から、それぞれの意見を出し合い、意識を高めて、つくり上げていくことが大切である。
15：10	お茶とおかし	4つのグループに分かれておしゃべりするだけでなく、いろいろな方と交流を広げていた。	ゲームを通して交流を深めることができたため、茶話会でもおしゃべりが弾んだのではないかと考える。
15：30	次回の活動内容を決める	自己紹介時に提案のあった内容から、昔懐かしい歌に合わせて、リハビリ体操を次回も行う。お国自慢から、昔あった映画館を思い出し、「美空ひばりの映画」を見ることが決まった。	参加者の中から、意見が出され、次の活動につなげることができた。
15：40	歌をみんなで歌う（故郷、村の鍛冶屋、我は海の子、紅葉等）	みんなで曲を選びながら4曲歌った。皆さん大きな声で歌っていた。	どの方も、大きな声をだし一生懸命歌っていた。
次回の計画	映画鑑賞　美空ひばり 歌　利用者Aさん伴奏 リハビリ体操 時間　13時〜14時	〈全体評価〉 　当初5人から6人を予測し計画を立てたが、予想外に大勢集まり、プログラムを急遽変更した。しかし、居室に閉じこもりの対象者が10名ほど参加され、活動の目的を達成すことにつながった。参加者中に、他の人にも呼びかけようという高まりもみられ、今後の活動に期待できる。利用者主体の活動にするため、プログラムを先行する内容ではなく、今後も利用者の意見を取り入れ、主体的な活動が展開できるようにしていく必要がある。	

表6-3 よく歌う歌と主な出来事

西暦	和暦年	歌	主な出来事
1905	明治38年	戦友	ポーツマス条約
1912	大正1年	茶摘み	中華民国の成立
1914	大正3年	ふるさと	第1次世界大戦に参戦
1923	大正12年	夕焼け小焼け	関東大震災
1924	大正13年	籠の鳥	
1935	昭和10年	二人は若い	
1945	昭和20年	同期の桜	原爆投下、終戦
1946	昭和21年	りんごの歌	「尋ね人」放送開始、闇市
1949	昭和24年	青い山脈	湯川秀樹ノーベル賞受賞
1954	昭和29年	お富さん 岸壁の母	プロレス力道山の活躍
1961	昭和36年	上を向いて歩こう	第2室戸台風襲撃
1963	昭和38年	高校3年生	
1964	昭和39年	明日があるさ	東京オリンピック、新幹線開通
1967	昭和42年	星影のワルツ	初の建国記念の日
1972	昭和47年	四季の歌	沖縄が日本に返還
1999	平成11年	孫	日米防衛協力の指針関連法案

ワーク6-7 介護予防・生きがい活動の計画を立てよう！

介護実習では、介護予防・生きがい活動を目的とした個別支援計画ならびにグループ支援計画を立てる機会がある。計画を立てる際の留意点をふまえ、活動支援計画を立てる。

①利用者の介護予防・生きがい活動ニーズをまとめよう。

②利用者の健康状態、心身の状態についてまとめよう。

③活動から期待できる効果についてまとめよう。

---

④心身状態に応じた方法をアレンジしながら、支援対象者の意思を尊重した支援計画を立てよう。

・活動の目的：

・参加人数と参加者の活動状況（心身の状態）：

・適切な場所：

・必要な道具、設備、諸経費：

・進め方（時系列的計画、安全面、留意すること、楽しさの工夫）：

---

⑤個々の支援対象者の状況に合わせながら、表6-1を参考に、活動計画の評価の視点についてまとめよう。

---

5 実習中のリスクマネジメント

1　リスクマネジメントとは

　リスクマネジメントは、歴史的にみると「利用者の安全な療養生活」に重点をおいたリスクと「施設や組織の運営上」のリスクに区別されてきたが、近年は個人情報保護法の制定や制度改正による事業環境の変化、「身体拘束廃止」「感染対策」といった社会的なニーズなどが生じてきている[4]。

リスクとは一般に危機や危険という意味であり、「一定の社会・経済的な価値を失う可能性、または、一定の社会・経済的な価値の獲得ができない可能性」[5]を意味する。

　介護現場のリスクは、「介護事故」が最も多いが、事故の防止だけがリスクマネジメントではない。利用者の尊厳を支えるための「プライバシーの保護」「個人情報の保護」「苦情の対応」「身体拘束と虐待の防止」なども、利用者の安全と人権を守るための配慮と技術であり、利用者との信頼関係を築くなかで成り立つものである。

ワーク6-8　日常生活のなかでのリスクと介護でのリスクをあげてみよう！

①私たちの生活のなかでのリスク（安全を脅かす危機）となることをたくさんあげてみよう。

_____
_____
_____

②学生が介護を行ううえでのリスクをたくさんあげてみよう。

_____
_____
_____

2　介護実習におけるリスクマネジメント

　介護の現場の利用者のリスクは、転倒による骨折や誤飲による窒息感染、食中毒、与薬のミスなどの生命を脅かすような事故、また他に、利用者同士の暴力事件、盗難、火災、地震等がある。

　「個人の尊重」を守るための配慮として「プライバシーの配慮」「個人情報の保護」「苦情への対応」「身体拘束の制限」などがあり、不愉快な感覚を呼び起こす場面（例えば、入浴時に覆いをすること無く裸にされた、異性にオムツ交換をされたなど）も含まれる。

　学生による介護実習中のリスクでは、介護事故（ヒヤリ・ハット含む）や個人の尊重を守る配慮として「マナーの悪い対応」「気持ちを傷つける」「無視」「頼まれたことを忘れる」などがよくあるリスクである。

　また、逆に介護職が受ける職業リスクとしては、生物学的要因（感染症）、化学的要因（消毒薬による手荒れ）、物理的要因（環境不備による腰痛など）、社会

第6章　介護実習共通スキル

心理的要因（ストレス、暴力、ハラスメントなど—例えば、不要に接触され、言葉によるセクシャルハラスメントや利用者に暴力を振るわれ、けがをするなど）がある。特に認知症や精神障害の利用者においては、疾病の本質そのものが、他者との関係をうまく調整できないことにあるため、利用者の行為を批判することもできないことが多いという現状がある。

これらのリスクについて理解を深め、利用者および介護者双方の人権が守られ安全が確保できる関係をつくることがリスクマネジメントである。

リスクマネジメントは、リスクの特定・要因分析・リスク測定（リスクがどの程度あり得る）を明確にする作業から行い、予防対策を講じることである。

①リスクの特定→どのようなリスクがあるのか？（物的、システム、人的など）
②リスクの要因→何が要因・原因になってリスクが生じ得るのか？（外部、内部、人、物など）
③リスクの測定→リスクが実現する確立と実現した場合の損害の大きさは？
④予防対策→事故の防止対策、緊急時や災害時の対応、苦情への取り組みなどを行う

自立的な生活と安全確保は対立するように捉えられがちだが、より良いサービスを提供するという観点で改めて捉え直すことが必要となる。トラブルの予防には、日ごろからの信頼関係の構築が、最も大切なこととなる。

予期せぬ災害発生時の対応などは、事業所等のマニュアルを理解し、学生も職員と同様に対応する姿勢が求められる。火災予防では、利用者のタバコの後始末や火の元の管理、避難経路に避難の妨げとなるようなものを置かないことや電化製品のコードやコンセントなどの安全点検や清掃（埃の除去）などを行う。日常的な注意を心がけると共に、災害発生時のための避難訓練に参加して非常事態の対応についても学習することが大切である。

事業所では、リスク管理として最善と思われる対応手順を記したマニュアルがつくられている。実習では決められたマニュアル（事故対応マニュアル、感染予防マニュアル、苦情対応マニュアルなど）を確認し、マニュアルに沿って行動することが、利用者の被害を最小に抑え、利用者とのトラブルを避ける近道となることを理解しておく。

事故発生時にとるべき対応を怠ったり、タイミングが遅れると、利用者の健康被害を悪化させる恐れがあること、また、利用者の家族の誤解や不信を招くなど、トラブルを招くリスクが生じる。学生は責任が無いという意識ではなく、事故発生現場に遭遇しても適切に行動できるように学習することが求められる。

3 実習中の事故とリスクマネジメント

1) ヒヤリ・ハット、事故とは

　ここでは、学生が利用者に与えた被害を「事故」とし、事故には至らなかったが危険な行為として起こったことを「ヒヤリ・ハット」とする。

　国民生活センターにおける研究では、介護事故とは「介護の提供過程で、利用者に対し何らかの不利益な結果を与えた場合または与える危険のあった場合[6]」をいうとしている。そして提供者の過失の有無を基準として過誤と過失のない事故を区別し、事故に関しては不可抗力による事故も含むとしている。また、茶谷[7]は身体的傷害のみならず、財産的損害（利用者の物を壊した、利用者のものを紛失した）や精神的損害（無視をする、不安や傷つくような言動をする）にまで広げて捉えるとしている。また逆に、介護従事者（学生）が受ける被害もある。以上のように介護事故を類型化すると表6－4のようになる。

表6－4　介護事故の定義

利用者への影響（被害）	1) 利用者へのけが	a 過失なし	b 介護過誤、過失あり	c 故意によるもの	d ヒヤリ・ハット（ニアミス）
	2) 精神的負担の増加				
介護従事者（学生）への影響（被害）	1) けが・病気	指導者との関連　①指導者と同伴によるもの			
	2) 精神的負担	②学生単独によるもの			

著者作成

2) 介護実習中に多いヒヤリ・ハットと介護事故

　A校のアンケート（著者調べ）では、過去3年間の学生の約3～4割程度はヒヤリ・ハットや事故の経験があった。学生の起こしやすいヒヤリ・ハット、事故および学生の受けた被害は、以下の表に示す（表6－5、6－6、6－7）。
　ヒヤリ・ハット、事故の主な介護場面と内容は、次のようなものがあった。
- 食事：食事介助中の誤嚥、食事の取り違え、異食、入れ歯を忘れ食事介助したなど
- 移乗、移動：移乗時の転倒、ずり落ちの危険性、ベッド柵のかけ忘れ、車いすの操作ミス（タイヤで指を挟む）、ブレーキのかけ忘れ、フットレストに足を強打するなど
- 清潔：入浴中利用者の転落（沈没）、浴槽台から転落しそうになる、爪切り時のけがなど

　ヒヤリ・ハット、事故の主な要因は、学生の不注意や技術の未熟によるもの、

表6-5 ヒヤリ・ハットの内容

内　容	件　数	割合(%)
誤嚥しそう	30	33.3
ベッド柵忘れ	23	25.6
移乗時転落しそう	12	13.3
移乗時転倒しそう	4	4.4
車いすの操作ミス	6	6.7
ベッドからのずり落ち	3	3.3
ブレーキ忘れ	2	2.2
強　打	2	2.2
誤　薬	1	1.1
異　食	1	1.1
食事間違い	1	1.1
熱　傷	1	1.1
布団のかけ忘れ	1	1.1
歩行時転倒しそう	1	1.1
浴槽台転落しそう	1	1.1
ストレッチャー操作ミス	1	1.1
合　計	90	100.0

資料：学生305名の実態調査（平成9～15年）後藤真澄

表6-6 介護事故の内容

内　容	件　数	割合(%)
移動時転倒・転落	18	35.3
車いす操作ミス	10	19.6
食事間違い	6	11.8
歩行時転倒	5	9.8
爪切りけが	4	7.8
誤　薬	2	3.9
誤　嚥	3	5.9
ベッドで強打しけが	1	2.0
浴室で転倒	1	2.0
ドアで手を挟む	1	2.0
合　計	51	100.0

資料　表6-5に同じ

表6-7 学生が受けた被害の内容

①けが・病気

内　容	件　数	割合(%)
暴　力	59	88.1
感　染	4	6.0
物を投げられる	2	3.0
犬にかまれる	1	1.5
危　険	1	1.5
合　計	67	100.0

②精神的負担

内　容	件　数	割合(%)
職員の暴言	20	33.9
利用者の暴言	6	10.2
職員のセクハラ	2	3.4
利用者のセクハラ	31	52.5
合　計	59	100.0

資料　表6-5に同じ

　そして利用者の理解にかけることから起こるヒヤリ・ハットが多かった。
　また、学生が受けた被害の内容では、次のようなものがある。
　・身体的被害：利用者による暴力、皮膚感染症の罹患など
　・精神的被害：職員、利用者による暴言、セクハラ・卑猥なことをいわれたなど
　現場での実習はお膳立てされた受動的な学習とは異なり、実習は複雑な環境のなかで展開される。利用者とかかわるなかでなにか心の琴線に触れる「できごと」

や「出会い」を体験する機会が多い。突然のアクシデントや危機に直面したときには冷静に判断し、独りよがりにならないように適切な指導を受けることが大切である。

3）実習中、もしも事故が起きてしまったら

実習中に事故が起きてしまった場合、学生のショックは大きく、自己の存在が根底から揺さぶられるような体験をすることになる。介護は利用者の安全、安心できる生活と権利や尊厳を守る仕事であり、学生といえども事故は許されない。しかし、人は誰でも過ちを犯す存在であり、誰にでも事故を起こす可能性はある。そこで、もし事故が起きてしまったら学生としてしなければならないことを取り上げ、考えてみよう。

4）介護事故防止について

介護事故の予防には、どのような場面でヒヤリ・ハットや事故が多いのかを知っておくことにより事故を未然に予防する、被害を最小限に食い止めることが大切である。

学生は、実習中に利用者一人ひとりの状況を再確認し、利用者の名前や状況、支援の方法、予測されるリスクを考えて、介護することを学んでいくことが重要である。

ワーク6−9　学生が事故を起こした事例(1)

学生が車いすのブレーキをかけ忘れたため、利用者がベッドから車いすに乗ろうとして車いすがぐらつき、利用者が転倒して足関節を骨折してしまった。このような事態のときあなたはどうするか、考えてみよう！

[学習ポイント]
①どんな些細なことでも包み隠さず、すぐに指導者に報告する
②事故の分析をする（SHELLモデルから事故の分析をする）
　SHELL分析とは、S（ソフトウエア）、H（ハードウエア）、E（環境）、L（他人）、L（当事者）のそれぞれについて要因分析を行い、それぞれの関係を検討

し、事故の起きた原因を分析し、予防対策を講じるものである。
③分析結果を共有する

　ヒヤリ・ハット、事故報告書を記録し、SHELL分析を行い、予防対策を考える。報告書は、①報告者名、②出来事の起こった日時、③発生場所、④発生状況（出来事の内容）、⑤発生要因（なぜ起こったか）、SHELL分析が行えるように人に関する要因、環境に関する要因を区別する、⑥どのように対処したか（対処方法）などをもとに詳しく記録し提出する。

④事故が起きてしまったときの学校の対応は、実習施設との連携を図り、適切な対応を早期に行う（図6－2）。

　事故後の対応の一つとして、後々問題を残すことになる場合があるので、組織的対応を図る。なお、学生が個人的に対応するようなことはしないようにする。

表6－8　事故のSHELL分析

項　目	要　因	対　策
S：ソフトウエア（指導者・学生）	指導者は学生が移動技術の習得はできていたため学生に任せた。学生は実習最後の日で気を抜いた。	危険を伴う行為には指導者が必ず指導に当たるべきであり、学生一人に任せない。
H：ハードウエア（ベッドから車いすへの移乗）	ブレーキをかけないとタイヤがよく動く車いすである。	車いすのブレーキのかけ忘れはよく起こる事故であり、移乗する前に声を出し確認する習慣が大切。
E：環境（居室）	居室であり他の人の注意がない。	スタッフの確認のもとで行う。
L：学生	これまでに何度もしていた技術なので、できるという自信があった。そのために注意が薄れた。	介護動作をするときには毎回気を抜かず、注意を集中させ危険を想定させ介護を行う。
L：当事者	骨粗鬆症があった。立位バランスが悪い。利用者本人も注意力が薄れている。	骨粗鬆症がある場合は、軽い負荷でも骨折につながるというリスクがあった。リスクを理解し介護する。

図6－2　事故への対応

ワーク6-10　学生が受けた被害の事例

　学生（あなた）が廊下を歩いていると、いきなりFさん（50歳、脳性麻痺で施設生活25年）にお尻や胸を触られ、卑猥なことを言われた。あなたはどのように対応するか、あなたの考えを書いてみよう！

[学習ポイント]
- □　性的な言動に対する基本的な対応は、不快感をはっきり相手に伝える（ただし、伝え方に注意が必要）
- □　周囲のスタッフ（上司）に報告、相談してチームで対応する
- □　性的言動の理由を探る

ワーク6-11　学生が事故を起こした事例(2)

　お年寄りや体の不自由な人は思わぬ事故を引き起こす危険性が高くなる。未然に事故を予防するためにはどのようなことが必要かをグループで話し合い、実習中に心がけることについてまとめよう！

[学習ポイント]
- □　日ごろの自分自身の健康管理
- □　3度の確認をする習慣をつける
- □　技術の習得において、自信過剰にならない。不安なことは必ず実習指導者の指導のもとに行う
- □　起こしやすい事故事例の把握をする
- □　利用者の名前や状況、援助の方法、予測されるリスクを考えて、介護する習慣をつける

4　プライバシーの保護

　介護業務においては私生活にも触れる機会が多く、個人のプライバシー（隠しておきたいこと…疾病、障害、経済、排泄、入浴など）にも介入する。そのために、介護者はプライバシーの侵害をしないように配慮することが大切である。プライバシーの侵害（Infringement of privacy）とは、私生活上の事実や事実らしく受け取られるおそれがある内容を公開することによって、人を不快にさせ、不安にさせることである。

　1960年にプロッサー（Prosser, W. L.）は、①私生活に侵入すること、②他人に知られたくない私事を公開すること、③事実の公開により他人に自己の真の姿と異なる誤った印象を与えること、④氏名や肖像を他人が利得のために流用することがプライバシーの侵害にあたると区分した。

ワーク6−12　プライバシーについて考える事例

　実習が終了し、思い出の場面を残したいと思い、利用者が集まっている場面を携帯電話で写真撮影をした。学生の「思い出」とした、この行為について考えてみよう。

[学習ポイント]
- □　個人の居室に出入りするとき、必ず声をかける。黙って入ると侵入になる
- □　介護をさせていただく際には自分の名前を告げ、介護者が行うことの説明と同意を得る
- □　介護されている姿をあまりおおっぴらにしないように配慮する
- □　入浴や排泄など見られたくない時にはドアやカーテンを閉める
- □　うわさ話や中傷などをしないようにする
- □　個人の秘密や病名、障害などを人前で話したりしない
- □　記念写真だからといって、本人の許可を取らずに写真や映像を撮らない

5　個人情報の保護

　2005（平成17）年4月より新たに「個人情報の保護に関する法律（個人情報保護法）」が施行され、個人情報の「守秘義務」が課せられ、個人情報の漏えいを防ぐための個人情報の取り扱いのルールが定められた。

　個人情報とは、国や地方自治体、事業者などが扱う各種の情報のなかの、（生

存する）個人にかかわる情報である。特定の個人を識別できる情報は、氏名・生年月日・性別・住所・家族構成などがあるが、これらをあらかじめ本人の同意を得ないで第三者に提供することは原則禁止されている。

　本人から直接書面で個人情報を取得する場合には、あらかじめ本人に利用目的を明示する。また、間接的に取得した場合は、すみやかに利用目的を通知または公表する必要がある。個人情報の漏えいなどを防止するため、記録の管理や保管は、責任者を決めて個人情報を安全に管理し、従業者や委託先を監督しなければならない。学生は、実習記録に必要な個人情報を秘匿し、かつ適正に用いることが求められている。

6　苦情への対応

　社会福祉事業の経営者には、「常に、その提供する福祉サービスについて、利用者等からの苦情の適切な解決に努めなければならない」とする責務があることが社会福祉法で規定されている（第82条）。

　「苦情」とは、職員が提供したケアおよび相談援助などに対する不満、またはサービスを利用する側に何らかの不都合、不利益などが生じる事柄に対する訴えなどをいう。これらの苦情に対応するために、「苦情処理規程」、「苦情解決制度実施要綱」を整備することが求められている。

　苦情は、サービス利用中の「転倒骨折や病気」に関するものや「ケアの内容の不満」「物の紛失や破損」などがある。施設や事業所の玄関などに意見箱などを設置し、利用者が自由に意見を言えるように配慮している。実習中に学生が利用者から苦情や不満を聞いた場合には、指導者に必ず連絡、報告をする。時に秘密を依頼された場合であったとしても、その旨を伝えて相談をすることが大切である。自分の胸の内にしまうことは、利用者のサービスの向上のためにならないことを理解しておく。

7　身体拘束と虐待の防止

　介護保険施設などにおいて高齢者をベッドや車椅子に縛りつけるなど身体の自由を奪う身体拘束は、「当該入所者又は他の入所者等の生命又は身体を保護するため緊急やむを得ない場合を除き、（中略）行ってはならない」（介護老人保健施設の人員、施設及び設備並びに運営に関する基準第13条）と規定されている。

　身体拘束は原則としてすべて高齢者虐待に該当する行為と考えられる。高齢者虐待防止法（高齢者虐待の防止、高齢者の養護者に対する支援等に関する法律）第１条に「高齢者虐待の防止、養護者に対する支援等に関する施策を促進し、もっ

て高齢者の権利利益の擁護に資する」とあるように、高齢者が他者からの不適切な扱いにより権利利益を侵害される状態や生命、健康、生活が損なわれるような状態に置かれることへの防止と保護は法律によって規定されている。身体拘束や虐待は、高齢者に不安や怒り、屈辱、あきらめといった大きな精神的な苦痛を与えるとともに、身体的な機能をも奪ってしまう危険性があることを忘れてはならない。日常的に意識していないと、利用者の安全のためにやむを得ないと思い、自らが虐待行為をしているという感覚がなくなってしまうことが一番恐ろしいことである。

　抑制や拘束という安易な手段で安全を守るのではなく、利用者にとって最善の方法で安全を守る知恵と工夫を駆使することが専門職には求められる。

ワーク6-13　身体拘束と虐待防止について考えてみよう！

　身体拘束を廃止できない理由として「スタッフの不足」をあげる意見がきかれるが、このことについてどう考えるか討論してみよう。

[ワンポイントアドバイス]
- □　身体拘束が日常的に常態化しないようにする
- □　絶対してはならないという意識を徹底する
- □　原因を特定し、その原因を除去する
- □　5つの基本的ケアを徹底する
- □　誰かが、必ずそばにいるという見守り態勢を整える
- □　禁止、命令、指示語をいっさいやめる。言葉のみだれは、態度のみだれに直結する
- □　緊急やむを得ない場合は、必ず同意書を得て、心身の状態を細かく、記録に残す

6 ターミナルケア

1 終末期の人のケア

　人は生まれて以来、死に向かって生きていくといわれる。生を受けその時々を懸命に生き抜き、華やかな時期を過ごすこともあるが、いかなる人もやがては死を迎える。死に至る原因には人生をまっとうした老衰もあるが、かなりの人は病気や事故などにより人生半ばで死を迎える。そのような人にとっては、身体的苦痛に加え、死ぬことにより家族や友人、仲間、社会と別れなければならないという非常に大きな悲しみが心に生ずる。その心の痛みは、その人が満足あるいは納得できる生き方をしてこられたか否か、あるいはやり残した仕事がないのか否かなどにより大きく異なり、心残りが大きい人ほど抱え込む苦悩は大きくなる。その意味から、この時期の苦悩は、その人の歩いてきた人生や、価値観により一人ひとり異なるといえるし、そのことは共に生活する家族の苦悩にも大きく反映する。

　これまで多くの人は病院で亡くなっている。しかし最近は、住み慣れたところで死にたいとの願いなどから、施設や在宅で最期を迎える人が増えつつある。さらに終生暮らす「終の棲家」での「豊かな生」とともに「安らかな死」の支援を望む声もある。そのようななか、2006（平成18）年4月、介護保険制度の改定において「中重度者への支援強化」策として、指定介護老人福祉施設における「重度化対応加算」および「看取り介護加算」が創設され、一定の条件のもとに介護報酬が加えられるようになった。このような終末期の介護サービスの拡充に伴い、今後、介護福祉士がさまざまな場において、看取りを含めた終末期のケアにかかわる機会が一層多くなっていくことであろう。

　終末期の人が抱える身体的な面でのケアをすることは当然必須であるが、同時にその人に合った精神的ケア、尊厳ある看取り、臨死時の対応、家族への配慮なども身につけておくことが大切である。

2 ターミナル期とは

　病気のステージ（病期）は病気により、またさまざまな視点からなされている。ただ一般的には、①発症直後で症状が刻々とかわる急性期（回復期を含む）、②治癒はしていないがほぼ日常の生活が可能な慢性期、③臓器の機能不全が強く日常生活が抑制される非代償性の慢性期、④回復の見込みがなく、かつ生命の維持そのものが困難になっている終末期の4つに分類することが多い。この④の段階

は幅広く解釈されることもあるが、残りの生命があと数か月と考えられる時期を、狭義の意味で終末期（terminal stage）あるいはターミナル期とよんでいる。ターミナルという言葉はラテン語のテルミヌス（terminus）を語源としているが、このテルミヌスは境目や境界という意味だけでなく、究極という意味をもつとされている。E・キューブラー・ロスが著書『死、それは成長の最終段階―続 死ぬ瞬間』のタイトルに「成長の最終段階（the final stage of growth）」という言葉を入れているように、ターミナル期は単に病気としての終末段階という捉え方ではなく、この世での生をまさに頂点まで生ききり、次の世へ旅立つ時ともいえるのである。

3 ターミナルケアとは

　一般的に、ターミナルケアとは「身体症状が悪化し、これ以上の積極的治療を行っても効果が期待できず、死が避けられない人とその家族に対し、症状の緩和と苦痛の除去を主体とし、QOL（生活の質）向上を目指して行われる総合的な対応」を指す。残された生命があと数か月に限られていることを告げられたとき、またはそれを自覚したとき、多くの人は深い絶望感や悲しみ、怒りに襲われ、身体的苦痛と向き合ってきたこれまでの闘病生活より、一層強い苦しみを受けながら残りの人生を過ごしていくことになる。

　身体的のみならず精神的にも、社会的にも、そして死後のことも含めさまざまな苦痛や苦悩にさいなまれるターミナル期の人が、死までの日々を自分らしく生きて、心安らかに死を迎えられるように寄り添っていくターミナルケアが、今多くの医療や福祉にかかわる人々に求められている。また個々のケースに必要な専門職とともに、家族や長年の友人などがかかわっていくことも極めて重要となる。これらがチームとなり、QOLを高めることを最優先する共通の考え方をもってケアにあたることにより、はじめてその人にふさわしい豊かな愛情に包まれた生涯をまっとうさせることが可能になる。

　つまり、今求められているターミナルケアとは、身体的苦痛の緩和という問題のみではなく、本人がさまざまな苦痛や苦悩を伴う死と向き合いながらも、その人らしさを尊重された日々を生き、自らの人生を完結できるように支えていくことである。

　そして亡くなった後に、家族や友人たちが「これで良かったのだ」と心から思えるような支援である。認知症が重度の場合、本人との直接的な意思疎通は難しいことが多いが、苦しみに共感して感情に働きかけ、心の安らぎが得られるようにすることが大切である。さらに家族との対応を十分に行って、その人の意思を汲み取り、尊厳を傷つけないように支援することである。

4　ターミナル期にある人の心の葛藤

　ターミナル期の人は身体的な苦痛に加え、息苦しい、寝苦しい、身の置き所のない倦怠感、自由に歩けない、起き上がれない、食べたくない、美味しくないなど漠然とした不定愁訴にもさいなまれ、自分はどうなっていくのだろうかと絶え間ない不安や恐怖が押し寄せる。さらに、なぜ自分だけこんな苦しみに会うのかなどの怒り、愛する家族や友人と別れる悲しさ、仕事仲間への申し訳なさ、やり残した仕事に対する無念さ、残される家族の将来への不安、すべての楽しみが奪われていく悲しさ・悔しさなど、さまざまなことが頭のなかをくり返しくり返し巡り本人を苦しめる。先にも述べたが、その内容や強さは、仕事をやり終えたか否か、子育てを終えているか否か、家族関係が円満であるか否か、また家族の経済的事情などにより大きく異なる。

　ただ、苦しみの内容や程度は個々人により違っても、多くの人は希望の光がみえない暗い洞窟に閉じ込められているような絶望感のなかで悶々として生きはじめることにかわりはない。キューブラー・ロスはこの終末期における心理過程を、①否認、②怒り、③取り引き、④抑うつ、⑤受容の5段階で捉えているが、この苦悩の段階を理解しつつ、個々に応じた対応を考えることが大切である。

5　ターミナルケアにおける介護者の大切なポイント

　ターミナル期の人に直面したとき介護にあたるものは、①少しでも長く生きられるように、②少しでも苦痛が軽くなるように、③本人にとっても家族にとっても納得できるような死を迎えられるように、家族支援も含めケアチームが協働して対応する必要がある。以下に具体的なポイントを述べる。

①身体的な苦しみの緩和

　病状が重篤で全身状態も刻一刻と変化する時期でもあるので、医療側との連携を十分にとりながら、痛みや呼吸困難、倦怠感などの身体的苦痛を和らげ、安楽に過ごせるように工夫をすることが大切である（体位の工夫、マッサージ、罨法など）。なかでも、その人の訴えをありのままに受け止め、日常生活のあらゆる場面できめ細やかな観察をし、苦痛の症状や体調の変化を把握してケアに活かすことは重要である。また、その人の考えや信条、家族関係、社会的交友関係など、これまで歩んできた人生をふまえ、心を込めて、誠実かつあたたかい態度でかかわることである。これはまさに全人的ケアであり、このようなケアは身体的苦痛を効果的に軽減させることが明らかにされている。苦痛緩和のための治療や薬剤についても理解を深めておく必要がある。

②心の動きを理解する

　介護を受ける人は受身で弱者になりやすい。介護をする側に傾聴する姿勢がないと本人は心を閉ざし口をつぐんでしまう。また、せっかく話をしても否定されると次に話そうとしなくなる。傍らに座り、ゆったりとした雰囲気のなか表情や態度にも気を配りながら接する。例え事実と異なることがあってもすぐには否定せず、その人の言葉を受け入れることで、徐々に心が開かれていく。心を開く前に介護行為にはいることは、土足で他人の家に入るもの、と自らを戒めて対応することが望まれる。認知症の場合はケアチーム全員がさまざまな工夫をして接触し、得た情報を解析して、その人の心情を把握するように努める。

③自己決定を尊重する

　意識が明瞭でない場合や認知症などの場合は、本人にかわって家族や周囲の人が治療や介護の選択などさまざまなことを決めることが少なくない。しかし、生も死もすべてその人のものであることを決して忘れてはならない。ターミナル期においても本人の希望が最も尊重されるべきで、その努力を怠ってはいけないのである。

④孤独にさせないこと

　ターミナル期にある人がもつ苦しみや死に向かっている重苦しい空気に、ややもすると家族、友人たちの足が遠のきがちになる。このことが一層不安や寂しさを募らせ耐えがたい孤独感を強める。病気のことやさまざまな訴えに対しては、たとえよい解決策が示せなくても一つひとつを心から傾聴し共感することが大切である。

　そして社会の動き、季節の話題、思い出話などさりげない会話がユーモアを伴いながら交わされるとき、さまざまな苦痛や不安から解放され心の平安が得られる。孤独にさせず、できるだけ多くの人が訪れ、心温まる優しい会話が交わされることが大切である。意識がうすれ、受け答えができなくなっても聴覚は最後まで失われないといわれる。思いやりのこもった心に届く言葉で語りかけることである。

⑤快適で安心できる環境をつくる

　温度、湿度、採光に配慮された快適で使いやすい部屋は、体力の消耗を防ぎ心の安らぎと安眠を与える。好きな音楽、香り、季節の植物や花などは気持ちをやわらげ、生活に変化と活気をもたらす効果もある。

　痛みをやわらげる脱着しやすい清潔な衣服、皮膚に負担のない寝具や体力の状態に合ったベッドの選択も重要である。

⑥身体を清潔に保つ

　口腔の清潔、清拭、部分浴や入浴などで皮膚を清潔に保つことは、皮膚呼吸や血液の循環をよくし、気分をさわやかにする重要なケアである。本人の希望に沿

うように、そして身体の負担に配慮してこまめに行う必要がある。また、その人の身体状況に適した用具の工夫や介護技法の熟練が大切である。

6 臨死にあたって

　死が近づくとバイタルサインにも顕著な変化が現れはじめる。やがて、死の三兆候（呼吸停止、脈拍停止、瞳孔散大）が認められ、医師が臨終を告げたとき、その人はすべての苦しみから解かれ人生を完結する。どのような死に際であろうと、家族には生き続けさせられなかった無念の思いと深い悲しみが残るので、ほかの人に気兼ねなく悲しみ、十分なお別れができるよう配慮しなければならない。家族の悲しみを支えるためのグリーフケアがこのときからはじまる。

　静かに目を閉じさせた遺体は、丁寧に触れながら心を込めて死後の旅立ちへの準備を進めていく。死後のケアは信仰や地方により違いもある（末期の水、死装束・脇幃子、北枕、逆さごとの風習、司祭による儀式など）が、一般的には以下のようなことが大切となる。

①死後のケアをはじめる前に、家族に対して看病の苦労へのねぎらいや、故人の人柄に共感した言葉をかける。

②家族にとって死後のケアは遺体の処置ではなく、厳粛なお別れのプロセスの一つであることをわきまえ、家族の希望を尊重して行う。

③生前の面影を失わないように美しく身体を整える。
　・傷には生前と同様に丁寧な手当てをする。
　・口腔内は清潔にし（死後硬直前に）入れ歯や綿で自然なふくらみをもたせる。
　・化粧は家族の希望を聞きながら行うが、生前に使用していた化粧品などを用いてその人らしい美しさに整える。
　・筋肉の弛緩による排泄物や分泌物が流出しないように、必要に応じて綿詰めするか、またはオムツを当てる。なお、綿詰めは口、鼻、肛門とされているが、あくまで必要に応じて行い、外から見えないように工夫することが大切である。また、下腹部に適度な圧迫を加えて最後の排泄物をとり除くこともある。

④死後の衣服は、本人・家族が望むその人にふさわしい衣服を着せることが大切である。白い装束で整えることもあるが、長いターミナル期のなかで本人の思いを汲み取り、家族が旅立ちの衣装を考えていることも多いので、アクセサリーも含めその希望を叶える配慮が必要である。

⑤遺体がその場から去るときには、その人の尊い一生の最期に立ち会えたことに心から感謝し、安らかな眠りを祈りつつ、お別れの挨拶をする。

7　学生の対応と姿勢

　核家族化した今の社会環境のなかで、家族が死にゆく人と向き合う場面は少なくなり、若い世代が死を通して人間の「生」や「死」を深く考える機会が余りにも少ない。それだけに人生経験が浅い学生の立場でターミナルケアを考えることは大変難しいことともいえる。しかし、在宅や施設での看取りが大きな課題となり、介護福祉士に対しても「豊かに生きるための支援」と共に「その人らしい最期への支援」も期待される今日では、ターミナルケアについて理解を深めて、その資質を身につけておくことが一層重要になってきた。

　実際には、実習開始前に学校と実習受け入れ施設の間で、学生のターミナルケアの学びへの共通理解がなされ、実習計画に具体的に反映されていることが重要であるが、実習時、ターミナル期の人もしくは死に接する機会を得たなら、尊い命との出会いに畏敬の念をもって、一瞬一瞬を真剣に学んでいくことが大切である。

　特に看取りのケアは介護の質が最も問われる場面でもあり、人間関係の築かれていない者が安易にかかわることができないことも心得ていなければならない。決してその人の尊厳を傷つけることのないように実習指導者の導きのもとに慎重に行動する必要がある。

> **ワーク6-14**　一人の利用者の人生に目を向け、その人の歩んできた歴史を書いてみましょう。そしてその人の「尊厳」について考えてみましょう。

歩んできた歴史：

その人の尊厳とは：

ワーク6-15 ターミナル期の体調変化を知るためには、生活のなかでどのようなことを観察しますか。次の支援場面について書いてみましょう。

食事：

排泄：

移動：

清潔：

会話：

睡眠：

その他の場面：

● 引用文献 ●

[第1節　調理、清掃、衣類・洗濯の支援]
1）社団法人日本家政学会編『新版家政学辞典』朝倉書店　2004年　p.520
2）久保田トミ子・白井孝子・柴田範子・山崎イチ子編著『介護福祉士養成テキスト10　生活支援技術Ⅲ』建帛社　2009年　pp.68-69

[第4節　介護予防・生きがい活動]
3）鈴木秀雄『セラピューティックレクリエーション』不昧堂出版　1995年　pp.87-94

[第5節　実習中のリスクマネジメント]
4）社団法人全国老人保健施設協会『介護老人保健施設職員ハンドブック'08年度』厚生科学研究所　2008年　p.193
5）高梨智弘『リスク・マネジメント入門』日本経済新聞社　1997年　p.27
6）国民生活センター「介護事故の実態と未然防止に関する調査研究（概要）」
http://www.kokusen.go.jp/pdf/n-20000606_2.pdf
7）茶谷利つ子「介護事故実態に関する調査研究と事故のとらえ方」『新潟大学紀要』第2号　pp.107-120

● 参考文献 ●

[第3節　グループ・カンファレンス]
・吉田宏岳監『介護福祉実習』みらい　2000年

・岡本千秋編『最新介護福祉全書17：介護福祉実習指導　第3版』メヂカルフレンド社　2005年

[第4節　介護予防・生きがい活動]

・介護福祉士養成講座編集委員会『新・介護福祉士養成講座6：生活支援技術Ⅰ』中央法規出版　2009年
・出村慎一・佐藤進「日本人高齢者のQOL評価―研究の流れと健康関連QOL及び主観的QOL」『体育学研究』第51巻　第2号　社団法人日本体育学会　2006年
・須藤功『昭和の暮らし8　年中行事』農村漁村文化協会　2006年
・林庸時二「"Therapy"の語源から見た音楽療法」国立音楽大学音楽研究所音楽療法研究部門『音楽療法の現在』人間と歴史社　2007年
・野村豊子『回想法とライフレヴュー―その理論と技法』　中央法規出版　1998年
・日本園芸療法士協会編『心を癒す園芸療法』コロナ社　2004年
・岩本隆茂・福井至『アニマルセラピーの理論と実際』培風館　2008年
・川島隆太監『学習療法の秘密―認知症に挑む』くもん出版　2009年
・大沼小雪『ケアに活かすダンス＆ファンタジーセラピー癒しの臨床』エム・シー・ミューズ　2008年
・関則雄ほか『アート×セラピー潮流』フェルムアート社　2008年

[第6節　ターミナルケア]

・E・キューブラー・ロス（鈴木晶訳）『死ぬ瞬間―死とその過程について』中央公論新社　2001年
・E・キューブラー・ロス（鈴木晶訳）『死、それは成長の最終段階―続 死ぬ瞬間』中央公論新社　2001年

資 料

◎社会福祉士及び介護福祉士法（抄）

（昭和62年5月26日法律第30号）
最終改正 平成19年法律第125号

（目的）
第1条 この法律は、社会福祉士及び介護福祉士の資格を定めて、その業務の適正を図り、もつて社会福祉の増進に寄与することを目的とする。

（定義）
第2条
2　この法律において「介護福祉士」とは、第42条第1項の登録を受け、介護福祉士の名称を用いて、専門的知識及び技術をもつて、身体上又は精神上の障害があることにより日常生活を営むのに支障がある者につき心身の状況に応じた介護を行い、並びにその者及びその介護者に対して介護に関する指導を行うこと（以下「介護等」という。）を業とする者をいう。

（介護福祉士の資格）
第39条　次の各号のいずれかに該当する者は、介護福祉士となる資格を有する。
一　学校教育法第90条第1項の規定により大学に入学することができる者（この号の規定により文部科学大臣及び厚生労働大臣の指定した学校が大学である場合において、当該大学が同条第2項の規定により当該大学に入学させた者を含む。）であつて、文部科学大臣及び厚生労働大臣の指定した学校又は厚生労働大臣の指定した養成施設において2年以上介護福祉士として必要な知識及び技能を修得したもの
二　学校教育法に基づく大学において文部科学省令・厚生労働省令で定める社会福祉に関する科目を修めて卒業した者その他その者に準ずる者として厚生労働省令で定める者であつて、文部科学大臣及び厚生労働大臣の指定した学校又は厚生労働大臣の指定した養成施設において1年以上介護福祉士として必要な知識及び技能を修得したもの
三　学校教育法第90条第1項の規定により大学に入学することができる者（この号の厚生労働省令で定める学校が大学である場合において、当該大学が同条第2項の規定により当該大学に入学させた者を含む。）であつて、厚生労働省令で定める学校又は養成所を卒業した後、文部科学大臣及び厚生労働大臣の指定した学校又は厚生労働大臣の指定した養成施設において1年以上介護福祉士として必要な知識及び技能を修得したもの
四　介護福祉士試験に合格した者

（介護福祉士試験）
第40条　介護福祉士試験は、介護福祉士として必要な知識及び技能について行う。
2　介護福祉士試験は、次の各号のいずれかに該当する者でなければ、受けることができない。
一　学校教育法に基づく高等学校又は中等教育学校であつて文部科学大臣及び厚生労働大臣の指定したものにおいて3年以上（専攻科において2年以上必要な知識及び技能を修得する場合にあつては、2年以上）介護福祉士として必要な知識及び技能を修得した者
二　3年以上介護等の業務に従事した者
三　前号に掲げる者と同等以上の能力を有すると認められる者であつて、厚生労働省令で定めるもの

（登録）
第42条　介護福祉士となる資格を有する者が介護福祉士となるには、介護福祉士登録簿に、氏

名、生年月日その他厚生労働省令で定める事項の登録を受けなければならない。
(信用失墜行為の禁止)

第45条 社会福祉士又は介護福祉士は、社会福祉士又は介護福祉士の信用を傷つけるような行為をしてはならない。

(秘密保持義務)

第46条 社会福祉士又は介護福祉士は、正当な理由がなく、その業務に関して知り得た人の秘密を漏らしてはならない。社会福祉士又は介護福祉士でなくなつた後においても、同様とする。

(連携)

第47条

2　介護福祉士は、その業務を行うに当たつては、その担当する者に、認知症(介護保険法(平成9年法律第123号)第8条第16項に規定する認知症をいう。)であること等の心身の状況その他の状況に応じて、福祉サービス等が総合的かつ適切に提供されるよう、福祉サービス関係者等との連携を保たなければならない。

(名称の使用制限)

第48条

2　介護福祉士でない者は、介護福祉士という名称を使用してはならない。

第50条　第46条の規定に違反した者は、1年以下の懲役又は30万円以下の罰金に処する。

2　前項の罪は、告訴がなければ公訴を提起することができない。

第53条　次の各号のいずれかに該当する者は、30万円以下の罰金に処する。

　二　第42条第2項において準用する第32条第2項の規定により介護福祉士の名称の使用の停止を命ぜられた者で、当該停止を命ぜられた期間中に、介護福祉士の名称を使用したもの

　三　第48条第1項又は第2項の規定に違反した者

◎日本介護福祉士会倫理綱領

　　　　　　　　　　　　　　　　(1995年11月17日　日本介護福祉士会)

前　文

　私たち介護福祉士は、介護福祉ニーズを有するすべての人々が、住み慣れた地域において安心して老いることができ、そして暮らし続けていくことのできる社会の実現を願っています。

　そのため、私たち日本介護福祉士会は、一人ひとりの心豊かな暮らしを支える介護福祉の専門職として、ここに倫理綱領を定め、自らの専門的知識・技術及び倫理的自覚をもって最善の介護福祉サービスの提供に努めます。

(利用者本位、自立支援)

1.　介護福祉士は、すべての人々の基本的人権を擁護し、一人ひとりの住民が心豊かな暮らしと老後が送れるよう利用者本位の立場から自己決定を最大限尊重し、自立に向けた介護福祉サービスを提供していきます。

(専門的サービスの提供)

2.　介護福祉士は、常に専門的知識・技術の研鑽に励むとともに、豊かな感性と的確な判断力を培い、深い洞察力をもって専門的サービスの提供に努めます。

　　また、介護福祉士は、介護福祉サービスの質的向上に努め、自己の実施した介護福祉サービスについては、常に専門職としての責任を負います。

(プライバシーの保護)

3. 介護福祉士は、プライバシーを保護するため、職務上知り得た個人の情報を守ります。

(総合的サービスの提供と積極的な連携、協力)

4. 介護福祉士は、利用者に最適なサービスを総合的に提供していくため、福祉、医療、保健その他関連する業務に従事する者と積極的な連携を図り、協力して行動します。

(利用者ニーズの代弁)

5. 介護福祉士は、暮らしを支える視点から利用者の真のニーズを受けとめ、それを代弁していくことも重要な役割であると確認したうえで、考え、行動します。

(地域福祉の推進)

6. 介護福祉士は、地域において生じる介護問題を解決していくために、専門職として常に積極的な態度で住民と接し、介護問題に対する深い理解が得られるよう努めるとともに、その介護力の強化に協力していきます。

(後継者の育成)

7. 介護福祉士は、すべての人々が将来にわたり安心して質の高い介護を受ける権利を享受できるよう、介護福祉士に関する教育水準の向上と後継者の育成に力を注ぎます。

◎「障害老人の日常生活自立度(寝たきり度)判定基準」の活用について

(平成3年11月18日老健第102-2号)

障害老人の日常生活自立度(寝たきり度)判定基準

生活自立	ランクJ	何らかの障害等を有するが、日常生活はほぼ自立しており独力で外出する 1 交通機関等を利用して外出する 2 隣近所へなら外出する
準寝たきり	ランクA	屋内での生活は概ね自立しているが、介助なしには外出しない 1 介助により外出し、日中はほとんどベッドから離れて生活する 2 外出の頻度が少なく、日中も寝たり起きたりの生活をしている
寝たきり	ランクB	屋内での生活は何らかの介助を要し、日中もベッド上での生活が主体であるが座位を保つ 1 車椅子に移乗し、食事、排泄はベッドから離れて行う 2 介助により車椅子に移乗する
	ランクC	一日中ベッド上で過ごし、排泄、食事、着替において介助を要する 1 自力で寝返りをうつ 2 自力では寝返りもうたない

期 間	ランクA、B、Cに該当するものについては、いつからその状態に至ったか 年 月頃より (継続期間 年 か月間)

＊判定にあたっては補装具や自助具等の器具を使用した状態であっても差し支えない。

判定にあたっての留意事項

4段階の各ランクに関する留意点は以下のとおりである。

・ランクJ：何らかの身体的障害等を有するが、日常生活はほぼ自立し、一人で外出する者が該当する。なお、"障害等"とは、疾病や傷害及びそれらの後遺症あるいは老衰により生じた身体機能の低下をいう。

　　J—1はバス、電車等の公共交通機関を利用して積極的にまた、かなり遠くまで外出する場合が該当する。

　　J—2は隣近所への買い物や老人会等への参加等、町内の距離程度の範囲までなら外出する場合が該当する。

・ランクA：「準寝たきり」に分類され、「寝たきり予備軍」ともいうべきグループであり、いわゆるhouse-boundに相当する。屋内での日常生活活動のうち食事、排泄、着替に関しては概ね自分で行い、留守番等をするが、近所に外出するときは介護者の援助を必要とする場合が該当する。なお、"ベッドから離れている"とは"離床"のことであり、ふとん使用の場合も含まれるが、ベッドの使用は本人にとっても介護者にとっても有用であり普及が図られているところでもあるので、奨励的意味からベッドという表現を使用した。

 A—1は寝たり起きたりはしているものの食事、排泄、着替時はもとより、その他の日中時間帯もベッドから離れている時間が長く、介護者がいればその介助のもと、比較的多く外出する場合が該当する。

 A—2は日中時間帯、寝たり起きたりの状態にはあるもののベッドから離れている時間の方が長いが、介護者がいてもまれにしか外出しない場合が該当する。

・ランクB：「寝たきり」に分類されるグループであり、いわゆるchair-boundに相当する。B—1とB—2とは座位を保つことを自力で行うか介助を必要とするかどうかで区分する。日常生活活動のうち、食事、排泄、着替のいずれかにおいては、部分的に介護者の援助を必要とし、一日の大半をベッドの上で過ごす場合が該当する。排泄に関しては、夜間のみ"おむつ"をつける場合には、介助を要するものとはみなさない。なお、"車椅子"は一般の椅子や、ポータブルトイレ等で読み替えても差し支えない。

 B—1は介助なしに車椅子に移乗し、食事も排泄もベッドから離れて行う場合が該当する。

 B—2は介助のもと、車椅子に移乗し、食事または排泄に関しても、介護者の援助を必要とする。

・ランクC：ランクBと同様、「寝たきり」に分類されるが、ランクBより障害の程度が重い者のグループであり、いわゆるbed-boundに相当する。日常生活活動の食事、排泄、着替のいずれにおいても介護者の援助を全面的に必要とし、一日中ベッドの上で過ごす。

 C—1はベッドの上で常時臥床しているが、自力で寝返りをうち体位を変える場合が該当する。

 C—2は自力で寝返りをうつこともなく、ベッド上で常時臥床している場合が該当する。

◎「認知症老人の日常生活自立度判定基準」の活用について

(平成5年10月26日老健第135号)

　今般、地域や施設等の現場において、認知症老人に対する適切な対応がとれるよう、医師により認知症と診断された高齢者の日常生活自立度の程度すなわち介護の必要度を保健師、看護師、社会福祉士、介護福祉士等が客観的にかつ短期間に判定することを目的として、別添「認知症老人の日常生活自立度判定基準」を作成したので、その趣旨を踏まえ、「障害老人の日常生活自立度（寝たきり度）判定基準」と併せて広く活用されるよう特段の御配慮をお願いする。

ランク	判定基準	見られる症状・行動の例	判定にあたっての留意事項及び提供されるサービスの例
I	何らかの認知症を		在宅生活が基本であり、一人暮らしも可能である。相談、指導

	有するが、日常生活は家庭内及び社会的にほぼ自立している。		等を実施することにより、症状の改善や進行の阻止を図る。 具体的なサービスの例としては、家族等への指導を含む訪問指導や健康相談がある。また、本人の友人づくり、生きがいづくり等心身の活動の機会づくりにも留意する。
II	日常生活に支障を来すような症状・行動や意志疎通の困難さが多少見られても、誰かが注意していれば自立できる。		在宅生活が基本であるが、一人暮らしは困難な場合もあるので、訪問指導を実施したり、日中の在宅サービスを利用することにより、在宅生活の支援と症状の改善及び進行の阻止を図る。 具体的なサービスの例としては、訪問指導による療養方法等の指導、訪問リハビリテーション、デイケア等を利用したリハビリテーション、毎日通所型をはじめとしたデイサービスや日常生活支援のためのホームヘルプサービス等がある。
II a	家庭外で上記IIの状態が見られる。	たびたび道に迷うとか、買物や事務、金銭管理などそれまでできたことにミスがめだつ等	
II b	家庭内でも上記IIの状態が見られる。	服薬管理ができない、電話の応対や訪問者との応対など一人で留守番ができない等	
III	日常生活に支障を来すような症状・行動や意志疎通の困難さがときどき見られ、介護を必要とする。		日常生活に支障を来すような行動や意志疎通の困難さがランクIIより重度となり、介護が必要となる状態である。 「ときどき」とはどのくらいの頻度をさすかについては、症状・行動の種類等により異なるので一概には決められないが、一時も目が離せない状態ではない。 在宅生活が基本であるが、一人暮らしは困難であるので、訪問指導や、夜間の利用も含めた在宅サービスを利用し、これらのサービスを組み合わせることによる在宅での対応を図る。 具体的なサービスの例としては、訪問指導、訪問看護、訪問リハビリテーション、ホームヘルプサービス、デイケア・デイサービス、症状・行動が出現する時間帯を考慮したナイトケア等を含むショートステイ等の在宅サービスがあり、これらのサービスを組み合わせて利用する。
III a	日中を中心として上記IIIの状態が見られる。	着替え、食事、排便・排尿が上手にできない・時間がかかる やたらに物を口に入れる、物を拾い集める、徘徊、失禁、大声・奇声をあげる、火の不始末、不潔行為、性的異常行為等	
III b	夜間を中心として上記IIIの状態が見られる。	ランクIII aに同じ	
IV	日常生活に支障を来すような症状・行動や意志疎通の困難さが頻繁に見られ、常に介護を必要とする。	ランクIIIに同じ	常に目を離すことができない状態である。症状・行動はランクIIIと同じであるが、頻度の違いにより区分される。 家族の介護力等の在宅基盤の強弱により在宅サービスを利用しながら在宅生活を続けるか、または特別養護老人ホーム・老人保健施設等の施設サービスを利用するかを選択する。施設サービスを選択する場合には、施設の特徴を踏まえた選択を行う。
M	著しい精神症状や問題行動あるいは重篤な身体疾患が見られ、専門医療を必要とする。	せん妄、妄想、興奮、自傷・他害等の精神症状や精神症状に起因する問題行動が継続する状態等	ランクI～IVと判定されていた高齢者が、精神病院や認知症専門棟を有する老人保健施設等での治療が必要となったり、重篤な身体疾患が見られ老人病院等での治療が必要となった状態である。専門医療機関を受診するよう勧める必要がある。

索　引

[あ行]

ICF　86
アクティビティな支援　71
アセスメント　83
アニマルセラピー　167
医行為　29
医師　27
医師法第17条、歯科医師法第17条及び保健師助産師看護師法第31条の解釈について　29
1年養成課程　21
衣服　152
医療機関併設型小規模介護老人保健施設　100
インフルエンザ　53
受け持ち記録　68
ALS（筋委縮性側索硬化症）患者の在宅療養の支援について　30
栄養士　28
MRSA　54
園芸療法　167
大島の分類　116
音楽療法　167

[か行]

介護　23, 25
介護過程　15, 80
…の実施　83
介護計画　87
…の立案　87
介護サービス事業所　123
…の種類　124
介護支援専門員　98
介護事故　175
介護施設（入所型）　93
介護実習　13, 32

…の目標　15
…のねらいと教育内容　17
介護実習Ⅰ　13
…の記録　67
…の内容　62
…の方法　66
…の目的　63
…の目標　64
介護実習・介護総合演習の位置づけ　14
介護実習・介護総合演習の目的　14
介護実習記録　33
介護実習中のリスク　173
介護実習Ⅱ　13
…の内容　77
…の評価　91
…の方法　80
…の目的　77
…の目標　78
介護総合演習　15, 16, 32
介護総合演習の目標　15
介護総合演習の目標（介護実習Ⅰ）　65
介護総合演習の目標（介護実習Ⅱ）　79
介護の三大原則　99
介護福祉士　13, 23
…の義務　26
介護福祉士に期待される資質　24
介護福祉士養成の到達目標　15
介護予防　166
介護予防訪問介護　130
介護予防訪問入浴　133
介護療養型老人保健施設　100
介護老人福祉施設　95
介護老人保健施設　100
疥癬　56

回想法　167
学生の態度　51
肝炎（B型肝炎感染症）　55
看護師　28
観察　83
感染（感染症）　52
カンファレンス　33, 160
…の種類　161
…の展開　162
…の役割　161
カンファレンス実施記録　42
帰校日指導　40
基本的人権　25
救護施設　119
救護施設、更生施設、授産施設、宿所提供施設の設備及び運営に関する最低基準　123
共同生活室　100
居宅介護→訪問介護
居宅サービス　100
居宅生活訓練事業　120
記録　41
…の意義　41
…の種類　42
…の保管　41
苦情　181
グリーフケア　187
グループ・カンファレンス　160
ケアハウス　107
ケアプラン　96
ケアマネージャー→介護支援専門員
経験項目チェック表　42, 45
敬語　48
軽費老人ホーム　107
ケース・カンファレンス　160
虐待　25
健康管理　52

言語的コミュニケーション　154
厚生労働大臣が別に定める施設　20
高齢者虐待　181
高齢者虐待防止法（高齢者虐待の防止、高齢者の養護者に対する支援等に関する法律）　25, 181
高齢者・障害者の食事のポイント　148
こころとからだのしくみ　22
個人情報　180
個人情報保護法　25, 180
個人票　34, 36
５Ｗ１Ｈ　46
個別介護計画記録　42
コミュニケーション　154

[さ行]

財産的損害　175
在宅におけるALS以外の療養患者・障害者に対するたんの吸引の取扱いについて　30
作業療法　28
作業療法士　28
サテライト型小規模介護老人保健施設　100
三大介護　94, 99
３領域　15
…の関係　21
SHELL分析　177
事故　175
事後学習　40
自己評価　72, 160
自己目標　32
資質向上の責務　26
事前学習　39
事前訪問　34
実習施設の概要　42
実習施設の要件　19
実習指導者の役割　39
実習指導者の要件　20

実習中学習　39
実習日誌　42, 68
実習報告会　74
指定地域密着型サービスの事業の人員、設備及び運営に関する基準　136
指定認知症対応型共同生活介護の取扱指針　137
死の三兆候　187
社会福祉士　27
社会福祉士及び介護福祉士法　23
重症心身障害児（者）　116
重症心身障害児施設　115
終末期における心理過程　185
宿泊実習　51
巡回指導　39
障害者支援施設　112
障害者自立支援法　112
「障害老人の日常生活自立度（寝たきり度）判定基準」の活用について　193
小規模多機能型居宅介護　139
情報の解釈・関連づけ・統合化　86
職業リスク　173
職業倫理　25
職場における腰痛予防対策指針　59
身体拘束　181
信用失墜行為の禁止　26
スーパービジョン　39
ストレス　60
ストレス対処　60
ストレッサー　60
ストレッチングの方法　59
生活介護　112
生活歴　84
誠実義務　26
精神的損害　175
清掃　149
誓約書　34, 35
咳エチケット　54

脊髄損傷　115
接触感染　52
洗剤選び　150
全人的なケア　23
洗濯　149

[た行]

ターミナル期　183
ターミナルケア　184
宅老所　140
他者評価　73
たんの吸引　30
地域密着型サービス　140
チームワーク　27
調理　147
通所介護→デイサービス
通所リハビリテーション→デイケア
デイケア　125
デイサービス　125
特定施設　107
特定施設入居者生活介護　107
特定疾病　95
特定疾患　113
特別養護老人ホーム　95

[な行]

ニーズ　68
日本介護福祉士会倫理綱領　25, 192
人間と社会　21
認知症対応型共同生活介護　136
「認知症老人の日常生活自立度判定基準」の活用について　194
認認介護　131
脳血管障害　114
ノロウイルス（感染性胃腸炎）　56

[は行]

廃用症候群　166
早出勤務実習　70
非言語的コミュニケーション　154
秘密保持義務　26
ヒヤリ・ハット　175
評価内容　72
病気のステージ　183
フェイスシート　68
プライバシー　180
プライバシーの侵害　180
ふり返り　68
プロセスレコード　155
報告　47

訪問介護　129
訪問介護員→ホームヘルパー
訪問入浴　133
ホームヘルパー　129
保護施設通所事業　120

[ま行]

見守り　90
求められる介護福祉士像　24

[や行]

夜間勤務実習　70
ユニットケア　96
養護老人ホーム　103

腰痛症　58

[ら行]

理学療法　28
理学療法士　28
リスク　173
リスクマネジメント　172, 174
療育　118
利用者のリスク　173
レセプト　98
連携　26
老人福祉法　103
老老介護　131

みらいの福祉関係書籍のご案内

【新・社会福祉士養成課程対応】
ソーシャルワーカー教育シリーズ
社会福祉士養成カリキュラムに対応しつつ、その枠にとどまらない「ソーシャルワーカー」としての専門教育・養成をコンセプトに、視点、枠組み、歴史、資質、倫理、理論、方法、技術を体系的に学べるよう3巻シリーズで構成。

ソーシャルワークの基盤と専門職〔第2版〕
相澤譲治監修　植戸貴子編
B5判・約232頁・予価／本体2,300円（税別）

ソーシャルワークの理論と方法Ⅰ
相澤譲治監修　津田耕一編
B5判・176頁・定価／本体2,000円（税別）

ソーシャルワークの理論と方法Ⅱ
相澤譲治監修　大和三重編
B5判・240頁・定価／本体2,300円（税別）

【新・社会福祉士養成課程対応】
地域福祉の理論と方法〔第2版〕
坪井真・木下聖編　地域福祉の基本的な考え方や視点、地域福祉を推進する組織や団体、地域住民の役割と地域福祉の推進方法をわかりやすく解説する。また、地域福祉の推進に欠かせない「地域福祉計画」の策定プロセスや実際についても網羅。
B5判・292頁・定価／本体2,600円（税別）

【新・社会福祉士養成課程対応】
低所得者への支援と生活保護制度〔第4版〕
渋谷哲編　生活保護制度のしくみや運用について、支援の実際が学べるように具体的な事例を用いながら解説するとともに、その他低所得者へのさまざまな福祉サービスや現代の貧困問題としてのホームレスの問題等も取り上げる。生活保護受給世帯や低所得者の就労支援についても解説。
B5判・240頁・定価／本体2,300円（税別）

【新・社会福祉士養成課程対応】
権利擁護と成年後見制度〔第3版〕
山口光治編　権利擁護の担い手として期待される社会福祉士として必要となる法の理解と法を駆使する実践力を学ぶことに加え、ソーシャルワークとしての権利擁護実践を進めるための視点や関わり方についても盛り込み、包括的に権利擁護について学べるように配慮。
B5判・240頁・定価／本体2,300円（税別）

【新・社会福祉士養成課程対応】
福祉行財政と福祉計画〔第2版〕
杉岡直人編　複雑な福祉行政の仕組みを基礎的な事項からわかりやすく解説するとともに、福祉計画では、その意義、策定プロセスと方法をできる限り具体的に説明している。また、介護保険事業計画や障害福祉計画、次世代育成支援行動計画、地域福祉計画の事例も紹介し、実学的に学べるよう構成する。
B5判・約200頁・定価／本体2,200円（税別）

ソーシャルワーク演習ワークブック〔第2版〕
ソーシャルワーク演習教材開発研究会編　社会福祉士養成等における相談援助演習の科目のために開発。学生用のワークブックと指導者用マニュアルを分けて制作し、「学生が考えながら具体的なワークを通して演習を進める」テキストとした。学生用には必要最低限の記述や解説を掲載し、指導者用にはワークの目的、進め方、解説を詳細したワークシートを収載。
B5判・228頁・定価／本体2,200円（税別）

ソーシャルワーク演習ケースブック
ソーシャルワーク演習教材開発研究会編　相談援助演習の事例演習教材として開発。ソーシャルワークの価値や倫理などを事例の中から読み取れるよう工夫するとともに、支援プロセスの事例では、ソーシャルワークのモデルやアプローチを援助過程の中から具体的にイメージできるようにした。指導者や教員が演習をねらいどおりに効率よく行うための指導者用マニュアルを別途作成。
B5判・252頁・定価／本体2,200円（税別）

ソーシャルワーク実習
－より深い学びをめざして－
深谷美枝編　「相談援助実習」を「ソーシャルワーク実習」として捉え、実習生が能動的に利用者に関わり、関係を形成し、支援を自ら考えられるように編集。実習とは何かを概念化し、それに向けて現実的に可能な実習の形を模索しつつ実習を組み立てていくことを目指した内容。指導者用ガイド付き。
B5判・192頁・定価／本体2,000円（税別）

実習生必携　ソーシャルワーク実習ノート〔第2版〕
杉本浩章・田中和彦著　相談援助実習・精神保健福祉援助実習に臨む実習生が、計画書・日誌・報告書作成にあたっての思考を促すワークシートを中心に構成。連続した18のワークに取り組み、オリジナルノートを作ることで、実習の達成課題を導き出し、ソーシャルワーカーとしての視点を養う。
B5判・96頁・定価／本体1,500円（税別）

ご注文
お問い合わせ

みらい

〒500-8137　岐阜市東興町40　第5澤田ビル
TEL：058-247-1227　FAX：058-247-1218
http://www.mirai-inc.jp
info@mirai-inc.jp

ワークで学ぶ 介護実習・介護総合演習

2010年4月1日　初版発行
2020年3月1日　初版第8刷発行

編　　集	吉田節子・川嶋玲子・後藤真澄
発 行 者	竹鼻均之
発 行 所	株式会社 みらい
	〒500-8137　岐阜市東興町40　第5澤田ビル
	TEL 058-247-1227(代)　FAX 058-247-1218
	http://www.mirai-inc.jp/
印刷・製本	サンメッセ株式会社

ISBN978-4-86015-207-9　C3036
Printed in Japan　　　乱丁本・落丁本はお取替え致します。